PASSO A PASSO
PARA FALAR BEM
EM PÚBLICO

Copyright© 2024 by Literare Books International
Todos os direitos desta edição são reservados à Literare Books International.

Presidente do conselho:
Mauricio Sita

Presidente:
Alessandra Ksenhuck

Vice-presidentes:
Claudia Pires e Julyana Rosa

Diretora de projetos:
Gleide Santos

Capa, projeto gráfico e diagramação:
Gabriel Uchima

Revisão:
Margot Cardoso

Impressão:
Gráfica Paym

Dados Internacionais de Catalogação na Publicação (CIP)
(eDOC BRASIL, Belo Horizonte/MG)

P769p Polito, Rachel.
       Passo a passo para falar bem em público / Rachel Polito, Reinaldo Polito. – São Paulo, SP: Literare Books International, 2024.
       16 x 23 cm

       ISBN 978-65-5922-829-4

       1. Comunicação. 2. Fala em público. 3. Oratória. I. Polito, Reinaldo. II. Título.
                                                          CDD 808.51

Elaborado por Maurício Amormino Júnior – CRB6/2422

Literare Books International.
Alameda dos Guatás, 102 – Saúde – São Paulo, SP.
CEP 04053-040
Fone: +55 (0**11) 2659-0968
site: www.literarebooks.com.br
e-mail: literare@literarebooks.com.br

MISTO
Papel produzido a partir
de fontes responsáveis
FSC
www.fsc.org   FSC® C133282

PARA ROBERTA,
REBECA E REINALDINHO

SUMÁRIO

PASSO 1:
A BOA COMUNICAÇÃO É ESSENCIAL PARA
O SUCESSO DA SUA CARREIRA 9

PASSO 2:
CONQUISTE CREDIBILIDADE AO FALAR 15

PASSO 3:
CAPRICHE NA VOZ, NO VOCABULÁRIO
E NA EXPRESSÃO CORPORAL 21

PASSO 4:
VOCÊ FALA COISA PARA QUALQUER COISA? 27

PASSO 5:
CUMPRIMENTE OS OUVINTES 33

PASSO 6:
CONQUISTE OS OUVINTES LOGO
NAS PRIMEIRAS PALAVRAS 39

PASSO 7:
VENÇA A INDIFERENÇA..45

PASSO 8:
O QUE VOCÊ DEVE EVITAR NO INÍCIO DO DISCURSO 51

PASSO 9:
**INSTRUA OS OUVINTES SOBRE
O ASSUNTO A SER ABORDADO** 57

PASSO 10:
DESENVOLVA O ASSUNTO CENTRAL 63

PASSO 11:
REFUTE OBJEÇÕES 69

PASSO 12:
FAÇA A CONCLUSÃO 75

PASSO 13:
RESUMO DAS ETAPAS DA APRESENTAÇÃO 81

PASSO 14:
FALE PELO TEMPO QUE PRECISAR, SEM ENROLAÇÃO............87

PASSO 15:
FALE BEM A DISTÂNCIA 93

PASSO 16:
COMO FALAR COM OUVINTES JOVENS 99

PASSO 17:
COMO FALAR COM OUVINTES
DE IDADE MAIS AVANÇADA 105

PASSO 18:
COMO FALAR COM OUVINTES INCULTOS 111

PASSO 19:
COMO FALAR COM OUVINTES DE
BOA FORMAÇÃO INTELECTUAL 117

PASSO 20:
COMO FALAR COM OUVINTES LEIGOS 123

PASSO 21:
PARA FALAR BEM DIANTE DE OUVINTES
QUE DOMINAM O ASSUNTO 129

PASSO 22:
FAÇA AJUSTES NA APRESENTAÇÃO 135

PASSO 23:
COMO OS GRANDES ORADORES
TREINAVAM OS SEUS DISCURSOS 141

PASSO 24:
SERÁ QUE OS OUVINTES GOSTARAM MESMO DA SUA APRESENTAÇÃO?..................147

PASSO 25:
NÃO SEJA PROLIXO NEM CONCISO DEMAIS.......153

PASSO 26:
TENHA UM PLANO ALTERNATIVO 159

PASSO 27:
HÁ MOMENTOS EM QUE É MELHOR NÃO FALAR 165

PASSO 28:
EVITE MONOPOLIZAR A CONVERSA E NÃO FALE SÓ DE VOCÊ 171

PASSO 29:
CONTROLE O MEDO DE FALAR EM PÚBLICO 177

PASSO 30:
UM CONSELHO FINAL......................................183

PASSO 1

A BOA COMUNICAÇÃO É ESSENCIAL PARA O SUCESSO DA SUA CARREIRA

Talvez dê para contar nos dedos as atividades que podem ser exercidas por pessoas que não possuem boa comunicação. Quando um profissional se apresenta em público, falando ou escrevendo, não é apenas a sua reputação que está em jogo, mas também, e quase sempre, de maneira especial, a imagem da organização que ele representa.

Não é raro pessoas nos dizerem que ao participar das reuniões da empresa acabam prejudicando sua imagem profissional por causa da comunicação. Reclamam que não sabem como usar a voz, pois ora falam baixo demais, ora perdem o controle por causa do nervosismo e falam alto demais. Suas frases saem truncadas, sem sequência lógica, quase incompreensíveis. Não sabem o que fazer com as mãos, nem para onde devem olhar.

Por causa do descontrole emocional, provocado pela insegurança que sentem ao falar em público, de vez em quando se destemperam, e, no lugar de discutirem as ideias, se tornam agressivas, criando clima ruim e passando a imagem de quem não sabe como se comportar sob pressão. Por isso, muitas vezes preferem ficar quietas e não externar suas opiniões.

A reclamação é recorrente: "Embora eu seja bom profissional e domine completamente minha área de atuação, por causa do meu comportamento nas reuniões chego a passar imagem de alguém despreparado. Alguns colegas de trabalho, entretanto, com muito menos competência, por se comunicarem com mais desenvoltura, acabam se sobressaindo". Ou seja, só o conhecimento técnico, de maneira geral, não basta para a ascensão profissional — é preciso saber falar bem.

Warren Buffett, um dos homens mais ricos do mundo, famoso pela sua habilidade em realizar investimentos bem-sucedidos, ao ministrar uma de suas raras palestras fez um alerta importante aos executivos: "A importância da comunicação não está sendo devidamente enfatizada nas escolas de negócios". E complementou com um conselho de quem sabe o que está dizendo: "Invistam na comunicação escrita e oral".

Lee Iacocca, um dos mais renomados gestores do mundo corporativo de todos os tempos, no livro *Iacocca – uma autobiografia* (Editora de Cultura), além de revelar como o aprendizado da arte de falar em público foi fundamental para o seu sucesso, em várias passagens mostra como falar e escrever bem é importante para a carreira e os negócios:

"Aprenda a se comunicar. Desenvolva sua capacidade de escrever, aprenda a se expressar por escrito. Amplie seu vocabulário e depois inclua essas palavras em discursos de improviso, assim irá desenvolver sua habilidade oratória e aprenderá a pensar por si mesmo".

Em outra passagem afirma: "Quando atingir um posto muito alto na organização ou com a sua própria empresa, não se esqueça das pessoas que o ajudaram a chegar na posição que chegou. Não se veja como alguém superior. A capacidade de comunicação é tudo".

Chama a atenção também para a importância de saber argumentar: "Você pode ter ideias brilhantes, mas se não tiver capacidade de persuasão, apenas sua inteligência não o ajudará".

E, para encerrar, deixa conselhos relevantes sobre a dedicação que devemos ter com o preparo: "Não apareça na frente dos clientes sem ter ensaiado com cuidado o que você vai dizer. É importante dedicar um tempo na elaboração de uma apresentação espetacular".

Um dos maiores motivos que levam as pessoas ao nosso curso de Expressão Verbal é a necessidade de desenvolvimento profissional. Percebem que, se não aprimorarem essa competência, sua carreira poderá ser prejudicada. Sabem que a comunicação defeituosa impedirá o crescimento profissional e poderá até interferir de forma negativa no que já haviam conquistado.

Em muitos casos vale tanto, ou até mais, a habilidade de se expressar bem em público que o próprio preparo acadêmico. Por isso, estabeleça como meta relevante para o crescimento da sua carreira o aperfeiçoamento da comunicação. Quanto mais articulado e confiante você se apresentar, melhores serão suas chances de ser vitorioso como profissional.

PARA RECORDAR

- Invista no desenvolvimento da comunicação.
- Quanto mais você crescer na hierarquia mais competente deverá ser sua comunicação.
- Não permita que os menos competentes se projetem mais que você por causa da oratória.
- Não importa suas dificuldades para falar em público, saiba que poderá superar esses obstáculos.

PASSO 2

CONQUISTE CREDIBILIDADE AO FALAR

Antes de abordarmos as técnicas específicas da boa comunicação, alguns conceitos são fundamentais para iniciarmos essa jornada. O maior objetivo de quem fala em público deve ser a conquista da credibilidade. Para que as pessoas confiem em suas palavras e aceitem a mensagem que você transmite, alguns aspectos relevantes devem ser avaliados.

SEJA NATURAL

O maior veneno para a credibilidade é o artificialismo. É preferível até que você cometa erros técnicos, mas se apresente de forma espontânea, a acertar na técnica de maneira artificial. Fale sempre, em qualquer circunstância, como se estivesse conversando normalmente com alguns amigos.

Nos próximos passos você aprenderá todas as técnicas para falar bem em público, mas elas só serão úteis se não afetarem o seu estilo e as suas características. Seja sempre você mesmo em qualquer situação.

Ao se expressar com espontaneidade você se sentirá confiante e seguro diante da plateia. A partir dessa leveza, poderá explorar seu bom-humor, sua presença de espírito e inteligência. As ideias surgirão de maneira mais tranquila para compor suas mensagens.

FALE COM ENTUSIASMO

Se você não demonstrar interesse e envolvimento pelo assunto que transmite, será difícil conseguir com que as outras pessoas se interessem pela sua mensagem. Por isso, se expresse sempre com envolvimento e disposição. Uma boa iniciativa é a de se concentrar antes de começar a falar:

> **PARA ENVOLVER OS OUVINTES, EU TAMBÉM PRECISO ESTAR MOTIVADO PELA MENSAGEM QUE VOU TRANSMITIR.**

Nas primeiras vezes, terá de agir assim conscientemente, depois se acostumará de tal maneira que já fará parte do reflexo condicionado. Todas as vezes em que tiver de falar para um grupo de pessoas se comportará com essa emoção.

Alguns oradores até sem possuírem muita profundidade no assunto que tratam, falam de maneira tão entusiasmada que conseguem fazer com que os ouvintes abracem a sua causa e no fim concordem com suas propostas. Enquanto outros, até mais bem preparados, não conseguem passar essa energia ao público e deixam de conquistar os objetivos que desejam.

DEMONSTRE CONHECIMENTO

De nada adiantará você conhecer com profundidade o assunto se o público não perceber na sua apresentação a sua autoridade. Quem se expressa de forma acanhada, inibida, desconfortável, poderá passar a ideia de que não está preparado para abordar o tema. Por esse motivo, é importante que domine as técnicas de comunicação, saiba como estruturar o discurso, usar bem a voz, o vocabulário e os gestos. Ao falar com desembaraço e confiança, as pessoas notarão que as palavras fluem naturalmente e que, por isso, domina a matéria e tem credibilidade para expor o tema.

TENHA COERÊNCIA

Principalmente nos dias atuais em que todos os nossos atos são vistos, gravados e divulgados, é preciso tomar cuidado com a maneira como nos comportamos. Se você transmite uma informação com as palavras, mas se comporta de um jeito diferente, haverá incoerência entre o discurso e a atitude, e as pessoas deixarão de confiar na mensagem. Às vezes, um pequeno deslize pode ser fatal.

Quantas celebridades tiveram a vida profissional destroçada porque em determinado momento cometeram uma falha. Fizeram comentários até sem a intenção de atacar, mas foram flagrados em gravações e tachados como racistas, misóginos, xenófobos. Por mais que tentassem explicar, o prejuízo para a imagem já se tornara irreversível. Por isso, tenha sempre uma conduta exemplar. Esse aspecto é eliminatório para que tenha credibilidade.

PARA RECORDAR
- Conquiste credibilidade.
- Fale com naturalidade.
- Fale com entusiasmo.
- Demonstre conhecimento.
- Tenha coerência.

PASSO 3

CAPRICHE NA VOZ, NO VOCABULÁRIO E NA EXPRESSÃO CORPORAL

Entre os diversos aspectos que precisam ser considerados em uma apresentação, três deles se mostram mais relevantes: a voz, o vocabulário e a expressão corporal. De forma bem objetiva, veja como ter eficiência em cada um deles.

A VOZ

Procure falar com boa dicção. Quanto mais clara for a pronúncia das palavras, mais facilmente os ouvintes entenderão a mensagem. Não se preocupe com o perfeccionismo. O importante é que as pessoas consigam entender sem esforço o que você estiver dizendo. Um exercício simples é fazer com frequência leitura em voz alta. De vez em quando, grave o que estiver lendo, pois assim poderá perceber melhor como as palavras estão sendo pronunciadas.

Use volume de voz adequado para cada ambiente. Não grite quando conversar com duas ou três pessoas, nem sussurre diante de grupos mais numerosos.

Tenha boa velocidade, de acordo com as suas características. Algumas pessoas se sentem bem falando rápido, outras, da mesma forma, falando devagar. Não existe um padrão. Desde que os ouvintes consigam entender a mensagem de quem fala rápido e não perceba negligência ou falta de vontade em quem fala devagar, sem problema.

Falando rápido ou devagar, explore bem as pausas. Todas as vezes que concluir um pensamento, faça pausa. Essa pausa silenciosa, bem-feita, valoriza a informação transmitida e permite que os ouvintes reflitam sobre o que você acabou de dizer. A pausa corretamente utilizada pode ser bom indicador de naturalidade.

Imprima um ritmo agradável, alternando o volume da voz e a velocidade da fala. Essa alternância motiva os ouvintes a acompanhar com interesse a apresentação. Quem fala em tom monótono, sempre com a mesma velocidade e o mesmo volume acaba por desinteressar o público.

O VOCABULÁRIO

Quase sempre as pessoas possuem vocabulário suficiente para transmitir a mensagem. As palavras aparecem com facilidade durante as conversas do dia a dia. Quando se encontram em situação mais formal, como nas reuniões importantes, em vez de usar os vocábulos com os quais já estão acostumadas, passam a se expressar com termos diferentes com os quais não estão familiarizadas e, por isso, perdem a fluência. Assim, fale em qualquer circunstância com as palavras que já usa no cotidiano.

Se tiver de apresentar um projeto na empresa, por exemplo, use um vocabulário adequado à vida corporativa. Ao defender um trabalho acadêmico, lance mão de vocabulário próprio da

Academia. Nas conversas informais, com parentes e amigos, as palavras devem ser também mais soltas e descontraídas.

Tome cuidado com o uso de palavrões e excesso de gírias. Além de empobrecer a comunicação pode levar à vulgaridade. Também não se preocupe em fazer uso de palavras incomuns, pois, de maneira geral, só prejudicam a compreensão dos ouvintes. Reserve os termos técnicos, próprios da sua atividade, para os profissionais que atuam nessa área.

Elimine as repetições viciosas como né?, tá?, ok?, certo?, percebe? E os irritantes ãããã, éééé. Para se conscientizar do uso desses vícios, grave algumas de suas conversas. Poderá se surpreender com o que irá ouvir.

A EXPRESSÃO CORPORAL

Nem sempre poderá ser considerado erro falar com as mãos nos bolsos, com os braços nas costas ou cruzados, mas evite essas atitudes, já que normalmente são criticadas. Tome cuidado para não esfregar ou apertar as mãos com frequência, pois poderá dar a impressão de nervosismo e desconforto.

Faça gestos moderados, acima da linha da cintura. Não volte de maneira apressada com as mãos depois de fazer o gesto. Aguarde com paciência até a complementação da mensagem. Não movimente os braços só por movimentar. Verifique se os gestos acompanham bem o ritmo e a cadência da fala.

Fique com o corpo bem posicionado sobre as duas pernas e se movimente, de vez em quando, para dar ênfase a determinadas informações ou para manter a atenção dos ouvintes.

Olhe para as pessoas sentadas à sua direita e depois às que estão à sua esquerda. Para isso, gire o tronco e a cabeça. Assim, poderá analisar como as pessoas se comportam diante da sua apresentação. Esse leve movimento do tronco dá flexibilidade ao corpo e quebra, assim, a rigidez da postura. Sem contar que ao olhar para a plateia os ouvintes se sentirão incluídos no ambiente.

Como regra geral, não deixe de fazer os gestos, nem gesticule demais. Os movimentos abaixo da linha da cintura, normalmente, têm pouca expressividade, prefira fazê-los acima dessa altura. Fique atento com relação à sua fisionomia. Na maior parte das vezes, o semblante precisa estar arejado, leve e expressivo.

PARA RECORDAR

- Fale com boa dicção, volume apropriado, velocidade adequada e ritmo envolvente.
- Desenvolva um vocabulário adequado a cada circunstância.
- Permaneça bem posicionado diante dos ouvintes.
- Evite a falta e o excesso de gestos.

PASSO 4

VOCÊ FALA COISA PARA QUALQUER COISA?

Chico Buarque fez uma das letras mais instigantes e criativas do repertório musical brasileiro, *Meu caro amigo*:

> *Aqui na terra, tão jogando futebol*
> *Tem muito samba, muito choro e rock'n'roll*
> *Uns dias chove, noutros dias bate sol*
> *Mas o que eu quero é lhe dizer que a coisa aqui tá preta.*

Genial! E esse refrão permaneceu na cabeça de todas as gerações que se seguiram. Ainda hoje, quando alguém enfrenta dificuldades na vida costuma cantarolar: "a coisa aqui tá preta".

Outro que imortalizou mais uma pérola da música popular brasileira foi Caetano Veloso com a canção *Sampa*: "Alguma coisa acontece no meu coração...". E assim, se procurarmos bem, vamos encontrar uma infinidade de músicas, poesias e textos que usam a palavra "coisa" com propriedade magistral.

Podemos deduzir, portanto, que esse é um termo bastante útil em nossa língua. Sim, a partir desses exemplos, não há como contestar a sua relevância. "Coisa", "troço", "negócio", "legal", "bacana" são consideradas palavras-ônibus. São termos que carregam incontáveis significados, com as mais diferentes ideias, como se fossem mesmo um ônibus levando quem se dispusesse a subir nele.

Normalmente, quando uma pessoa não consegue definir bem um pensamento com a palavra adequada, recorre a esse recurso dizendo, por exemplo: "temos de preparar as coisas para a mudança", para se referir a objetos, materiais, mantimentos etc. Da mesma forma, quando dizem: "temos de desenrolar esse negócio", para se referir a gargalos produtivos, queda nas vendas, problemas familiares etc.

Na comunicação informal, nos contatos do dia a dia, é um recurso que pode até dar mais fluência à comunicação, pois, dentro do contexto, todos conseguem compreender o seu significado. Nas situações mais formais, em que se exige linguagem educada, todavia, o uso excessivo de palavras-ônibus pode passar a ideia de pobreza de vocabulário e enfraquecer o impacto da mensagem que está sendo transmitida. Sem falar ainda no risco de criar um ruído desnecessário pela sua repetição constante.

Não que não possam ser usadas. Recomendamos aos nossos alunos que, se em determinado momento não conseguirem vestir as ideias com o vocabulário exato, que se valham de termos analógicos ou afins. São aqueles que, embora não sendo os mais perfeitos para identificar o pensamento, darão o mesmo sentido, e dentro do contexto permitirão o entendimento da mensagem.

Explicamos que a palavra perfeita, correta, exata é uma só. Se, em certas ocasiões, a pessoa tiver dificuldade para se expressar, e insistir em encontrar aquele vocábulo específico, dará voltas intermináveis com o risco de truncar o raciocínio e comprometer a concentração dos ouvintes. E se, mesmo assim, nem o termo analógico surgir, que se apele para uma palavra-ônibus. Ainda que enfraqueça a qualidade da comunicação, ajudará na composição da mensagem.

Essas devem ser circunstâncias excepcionais no processo comunicacional. Se alguém, por falta de vocabulário mais amplo, recorre constantemente às palavras-ônibus, poderá prejudicar o resultado de suas exposições. Portanto, se você costuma usar com frequência esses termos genéricos, que possuem mil e uma utilidades para expressar o pensamento, comece a substitui-los por palavras mais apropriadas. Esse recurso, com certeza, irá melhorar a qualidade da sua comunicação.

Não espere, porém, para fazer essas substituições apenas quando tiver de falar ou escrever nas ocasiões mais formais, aproveite as conversas do cotidiano para aprimorar o seu vocabulário. Agindo assim, fará com que os vocábulos mais apropriados participem naturalmente do seu discurso.

Reserve as palavras-ônibus para situações emergenciais. Ou para os momentos de grande criatividade poética, como os excelentes compositores e escritores de todos os tempos. Eles fizeram e fazem história a partir de termos e expressões que, de propósito, com sua amplitude, interpretam o sentimento daqueles que ouvem suas músicas ou leem seus textos. Assim, a coisa até que funciona.

PARA RECORDAR

- Evite o uso frequente de palavras-ônibus.
- Palavras como "coisa", "negócio", "troço" podem enfraquecer a qualidade da comunicação.
- Em certas circunstâncias, quando o uso é proposital e bem contextualizado, pode funcionar bem.
- Comece a eliminar o excesso de palavras-ônibus já nas conversas informais.

PASSO 5

CUMPRIMENTE OS OUVINTES

Começar bem é dar o tom certo para uma apresentação de sucesso. E nesse sentido, a forma como cumprimentamos as pessoas é o primeiro passo nessa direção.

VOCATIVO E A FORMALIDADE DA CIRCUNSTÂNCIA

Ao chegar diante do público, o orador deve cumprimentar os ouvintes de acordo com a formalidade da circunstância. Se houver uma mesa diretora conduzindo o evento, cumprimentará antes essas pessoas para depois saudar a plateia. Inicie cumprimentando as mais importantes até chegar às de menor importância. Se, por acaso, for um evento oficial, federal, estadual ou municipal, o vocativo seguirá a orientação do Decreto-Lei 70.274, de 9 de março de 1972. Esse dispositivo legal é atualizado periodicamente de acordo com as exigências da circunstância. Ele determina a ordem de precedência a ser obedecida.

Se a ocasião não for cercada de tanta formalidade, bastará um "Boa noite a todos", ou, sendo ainda mais informal um "Olá, pessoal". A mulher tem sempre a precedência: "Senhoras e senhores". A não ser que esteja compondo a mesa. Nesse caso, será cumprimentada considerando a sua hierarquia. Por exemplo, se ela for uma diretora, e estiver presente o presidente da organização, primeiro cumprimente o presidente, depois a diretora.

O CUMPRIMENTO ÀS PESSOAS QUE COMPÕEM A MESA

No caso de haver muitas pessoas compondo a mesa, observe bem se valerá a pena cumprimentar todas elas. Quase sempre essa atitude se torna cansativa e chega até a afastar o interesse dos ouvintes da mensagem a ser transmitida. Algumas saídas ajudam a contornar a situação. Poderá, por exemplo, fazer uma saudação geral: "Autoridades que compõem a mesa de honra". Se houver alguém muito importante que deva ser citado, poderá adotar a seguinte saída: "Excelentíssimo senhor Jorge de Araújo Mello, muito boa noite. E ao cumprimentá-lo, estendo os cumprimentos a todas as autoridades que nos prestigiam hoje com sua presença aqui na nossa mesa". Em seguida: "Senhoras e senhores".

Há situações, entretanto, em que, mesmo a mesa sendo numerosa, todos devem ser cumprimentados. São os eventos com finalidade política, por exemplo. Você fez uma reunião e convidou o governador, senadores, deputados, prefeitos etc. Acredite, essa turma, normalmente, só comparece a um evento com a finalidade de ouvir o próprio nome ser pronunciado. Se não forem mencionados, ficarão frustrados. Nesse caso, cumprimente cada um deles e os deixe recompensados pelo "sacrifício" de estar ali. Provavelmente nem prestarão atenção na mensagem, mas gostarão do evento. Se agir assim, tome todas as precauções para não se esquecer de ninguém. Se alguém for deixado de lado, poderá se transformar em desafeto por causa da desconsideração.

ALGUNS PONTOS MERECEM SER OBSERVADOS

Em todas as situações o cumprimento deve ser simpático, amável, amistoso. Há oradores que cumprimentam dando a impressão de que o fazem por obrigação. Cumprimente o público da mesma maneira como faz ao encontrar um amigo querido. Ao cumprimentar a plateia com essa gentileza, estará transformando os ouvintes num grupo de amigos, e eles começarão a torcer pelo seu sucesso já nas primeiras palavras.

Uma falha grave é a de pronunciar de forma incorreta o nome das pessoas. Por isso, certifique-se de que sabe exatamente como é a pronúncia. No caso de dúvida poderá perguntar à própria pessoa. Com certeza ela não se incomodará em dar essa informação. Ao contrário, entenderá como uma deferência.

Há vocativos tão poderosos que pela simpatia do orador chegam a transformar situações hostis em momentos de congraçamento. Não custa nada investir nessa gentileza. Basta apenas um pouco de boa vontade.

Por isso, dê atenção especial ao vocativo. Fique atento à pronúncia correta do nome das pessoas, observe bem a posição hierárquica, analise a conveniência de citar todos os componentes da mesa diretora e, principalmente, cumprimente sempre com simpatia e amabilidade. Essa conduta poderá construir um caminho seguro para o sucesso da sua apresentação.

PARA RECORDAR

- Comece cumprimentando os ouvintes.
- Cumprimente obedecendo à formalidade da circunstância.
- Seja sempre simpático e amável ao cumprimentar.
- Evite cumprimentar todas as pessoas quando a mesa for numerosa.

PASSO 6

CONQUISTE OS OUVINTES LOGO NAS PRIMEIRAS PALAVRAS

Em certas situações, uma pessoa se apresenta seguindo todas as recomendações da boa técnica de comunicação e não consegue os resultados desejados. Em outros momentos, entretanto, seguindo a mesma cartilha, obtém êxito e é bem-sucedida.

Essas diferenças não surgem por acaso. Há uma boa explicação para indicar os acertos e falhas de quem fala em público. Nem sempre a fisionomia aparente de uma circunstância mostra os caminhos mais adequados a serem seguidos. Vejamos uma situação bastante característica dos dias atuais.

Como hoje as pessoas estão cada vez mais ocupadas e atarefadas, é natural que exijam de seus interlocutores objetividade em seus discursos. Aparentemente, não há como negar essa realidade. Por isso, a dedução natural e imediata é a de que ao dirigir a palavra a um grupo de ouvintes se deve, sem rodeios, ir diretamente ao assunto.

Precisamos nos lembrar, todavia, de que desde a *Arte retórica*, o livro mais antigo de oratória que chegou aos nossos dias, escrito por Aristóteles no século IV a. C., passando por Cícero e Quintiliano, a orientação é a de que no início, logo nas primeiras palavras, devemos conquistar a benevolência, a atenção e a docilidade da plateia. Enquanto os ouvintes não estiverem favoráveis à nossa presença, interessados no assunto que será abordado e desarmados de suas possíveis resistências, não estarão em condições de receber bem a mensagem.

Esse ensinamento dos grandes estudiosos foi comprovado por um estudo divulgado pela Universidade de Maryland. Se uma pessoa não fizer uma introdução adequada, se não tiver o cuidado de conquistar convenientemente os ouvintes com suas primeiras palavras, e for diretamente ao assunto da apresentação, reduzirá em 30% as suas chances de sucesso. É um percentual elevadíssimo. Essa falha no processo de conquista do público poderá comprometer os objetivos almejados pelo orador.

Como, então, atender a essas duas premissas tão antagônicas? A primeira, de que se exige hoje, mais que em épocas passadas, que as falas sejam objetivas. A segunda, de que, se o orador entrar diretamente no assunto, reduzirá sensivelmente suas possibilidades de obter bons resultados.

A solução é até bastante simples. O orador deve estar consciente de que antes de desenvolver o tema da sua apresentação precisará motivar os ouvintes para que fiquem interessados em receber a mensagem. Se esse processo inicial for bem elaborado, o público jamais perceberá que a introdução foi preparada com essa finalidade. Dará a impressão de que está sendo direto e objetivo, quando, na verdade, usa aquele primeiro momento para criar um ambiente favorável à receptividade das pessoas.

O primeiro passo para que esse objetivo seja atingido, como vimos no passo anterior, é o de cumprimentar os ouvintes de maneira simpática, gentil e bastante amistosa.

Há um recurso mágico para iniciar qualquer apresentação – agradecer. Os ouvintes não julgariam que o orador está perdendo tempo por ter agradecido o convite que recebeu, ou a presença das pessoas que compareceram.

Outro aspecto obrigatório em todos os discursos – mostrar de forma clara que tipo de benefício a plateia terá com a mensagem que irá receber. Nesse caso, não apenas o público não entenderia essa atitude do orador como perda de tempo como ficaria satisfeito em saber que as informações seriam proveitosas.

Pelo fato das pessoas estarem ocupadas e exigirem objetividade, nada mais apropriado do que dizer logo no início que, tendo consciência dos inúmeros afazeres de todos, será breve na sua exposição. Ainda que essa promessa não possa ser devidamente cumprida.

Pronto, os ouvintes não perceberão que o orador se valeu de vários recursos para conquistá-los com sua introdução, terão a impressão de que houve objetividade na apresentação e ficarão convenientemente receptivos para receber a mensagem.

O importante é que as palavras utilizadas no início guardem interdependência com as outras partes da fala.

Uma pequena história ou uma reflexão que sejam perfeitamente ligadas às etapas seguintes da apresentação, além de constituírem bons recursos para iniciar também ajudarão a passar a ideia de concisão.

Dessa maneira, será possível resolver esse paradoxo da comunicação na atualidade: conquistar corretamente o público para que possa receber a mensagem com atenção e sem resistências e dar a impressão de estar atendendo às exigências da objetividade.

PARA RECORDAR

- Conquiste os ouvintes logo no início da apresentação.
- Agradeça o convite recebido ou a presença da plateia.
- Mostre quais os benefícios que as pessoas terão com a mensagem.
- Observe se os recursos utilizados no início têm relação com o discurso.

PASSO 7

VENÇA
A INDIFERENÇA

Há situações em que os ouvintes são receptivos. Reagem muito bem às brincadeiras do orador. Prestam atenção e acompanham cada detalhe da mensagem desde o princípio até a conclusão. Esse é o melhor dos mundos para quem fala em público. Como dizia José Vasconcelos, um dos mais extraordinários humoristas da história brasileira: "São aquelas pessoas que já compram sorrindo a entrada para o espetáculo".

Na outra extremidade estão as plateias resistentes. São os ouvintes que se postam na defensiva e não concordam com os argumentos do palestrante. Nesse caso, caberá a você desarmar essas objeções, refutando a posição contrária. É um tipo de audiência que exige muito traquejo e habilidade de quem discursa. Quase sempre essas barreiras são vencidas com muito preparo e capacidade oratória.

Esses ouvintes, entretanto, não são os mais complicados de enfrentar. Se você estiver municiado de sólida argumentação, terá condições de impor e fazer prevalecer a sua tese.

> **OS MAIS DIFÍCEIS, SEM DÚVIDA, SÃO AQUELES QUE SE MOSTRAM APÁTICOS, INDIFERENTES, SEM INTERESSE PELA APRESENTAÇÃO.**

Para tirar a plateia dessa pasmaceira, além de preparo, experiência e boa capacidade de argumentação, será preciso lançar mão de verdadeiras táticas de combate.

Você deverá encontrar meios para balançar e estremecer o público, pois só assim as pessoas sentirão que a mensagem poderá ter alguma utilidade e que, por isso, merece sua atenção. As técnicas a serem aplicadas nessas circunstâncias são limitadas, mas quando utilizadas de maneira adequada produzem ótimos resultados.

A sua primeira atitude deve ser a de sair da mesmice, do lugar comum, do caminho normal. Se iniciar falando o que o público já imaginava que iria dizer, não conseguirá alterar o comportamento da plateia. Depois de descobrir a melhor introdução a ser feita, precisará pôr a cabeça para funcionar e tentar encontrar uma forma de iniciar a mensagem de um jeito inusitado, inesperado, diferente.

Por exemplo, se o objetivo fosse o de falar: "Todos precisam trabalhar com mais empenho para que as metas sejam atingidas", poderia transmitir essa mesma informação da seguinte maneira: "As metas propostas para este semestre foram determinadas para profissionais que sejam competentes, experientes e extremamente aplicados. Para estar aqui todos já demonstraram que são competentes e experientes, mas só os resultados confirmarão se também são aplicados e comprometidos".

Essa mudança na comunicação, além de elogiar alguns atributos do grupo, é também um desafio que talvez mexa com os brios de cada um e dê a todos uma boa dose de responsabilidade.

O outro recurso para tirar esses ouvintes dessa letargia foi sugerido pelo Reverendo Borges, um dos mais competentes pregadores da nossa história. Durante uma palestra contou como agia durante as pregações para conquistar e manter a atenção dos fiéis. Disse que iniciava sempre os seus sermões com uma frase de impacto, pois assim todos saberiam que o conteúdo da mensagem seria relevante.

Essa deve ser a estratégia, usar algumas frases na introdução que possam mexer com a cabeça dos ouvintes e dar uma chacoalhada no ambiente. São aquelas informações que ficariam bem até para manchete de publicações sensacionalistas.

Por exemplo: "Se não conseguirmos tomar uma decisão nesta reunião, seremos obrigados a desmobilizar parte expressiva da nossa linha de produção e cortar os bônus programados para o final do ano". Dificilmente alguém continuaria apático diante dessa mensagem.

Cada um deve encontrar a informação mais impactante para a circunstância que estiver enfrentando. Em certos momentos, um fato bem-humorado, nascido do próprio ambiente, pode ser suficiente para animar os ouvintes.

Em outros, para dar resultado, bastará mostrar os benefícios que o público terá com a mensagem. E se a situação for mesmo muito complicada, o impacto deverá ser bem maior, pois só assim as pessoas se sentirão tocadas e motivadas para acompanhar com interesse a apresentação.

É preciso ter em mente que você dispõe de todos os recursos de que precisa para conquistar e manter a atenção dos ouvintes. Se o público não se envolver com a mensagem, a culpa, provavelmente, será sua, não de quem ouve.

PARA RECORDAR

- Procure conquistar os ouvintes logo nas primeiras palavras.
- As pessoas desinteressadas são as mais difíceis de serem conquistadas.
- Use frases de impacto para conquistar ouvintes indiferentes.
- Prepare a introdução e depois descubra como torná-la mais atraente.

PASSO 8

O QUE VOCÊ DEVE EVITAR NO INÍCIO DO DISCURSO

O início do discurso tem por objetivo motivar os ouvintes a acompanhar bem o restante da fala. É nesse momento que o orador deve se dedicar à conquista da torcida, da atenção e da docilidade do público. Para atingir esse objetivo, podemos inverter o raciocínio e analisar o que é desaconselhável nessa parte inicial, pois, sabendo o que deve ser evitado, fica mais simples acertar na introdução.

Observe que estamos dizendo "desaconselhável". Essa precaução deve ser considerada porque, mesmo não sendo recomendável, há situações em que esses recursos arriscados para começar podem dar bons resultados. Vamos estudar cada um deles separadamente.

No início evite:

1 – CONTAR PIADAS

Quem já falou em público sabe que o início é o pior instante da apresentação. A adrenalina foi despejada no organismo e ainda não foi metabolizada. Por isso, naturalmente, provoca disfunções. Por esse motivo, o começo é o momento de maior insegurança e desconforto.

Ora, se com essa instabilidade emocional você começar contando uma piada, e ela não tiver graça, ficará ainda mais perdido diante dos ouvintes. Você poderia alegar que a piada é, com certeza, muito boa. Porém, uma piada engraçada corre com velocidade espantosa, principalmente nos tempos atuais com o uso generalizado das mídias sociais. Neste caso, você conta a piada com a certeza de que ela tem ótima qualidade, mas, como é conhecida, as pessoas não reagem e, talvez, sua atuação seja comprometida.

Se, todavia, a piada for boa, inédita, curta e guardar interdependência com o conteúdo da apresentação, poderá produzir resultados excepcionais. Ou seja, é um expediente que pode ser bom, mas sempre arriscado.

2 – PEDIR DESCULPAS

Há dois tipos de desculpas que devem ser evitados: por problemas físicos e pela falta de preparo para falar sobre o tema.

Ninguém ganha nada contando para a plateia que está rouco, resfriado, enjoado. Os ouvintes não irão se compadecer e passarão a prestar a atenção em suas atitudes. Querem saber se a voz irá ou não desafinar, se a fala manterá ou não a energia que o tema requer. Estarão com o pensamento longe da mensagem. Saiba que, se a mensagem for boa, as pessoas talvez nem percebam o seu desconforto físico.

Se você não conhecer o assunto, não deveria estar ali para falar. Por outro lado, se for obrigado a se apresentar, não haveria benefício nenhum em revelar seu despreparo. É importante lembrar que a resistência do ouvinte com relação ao orador se dá pelo fato de não confiar na sua competência.

Por isso, se houver dúvida a respeito da sua autoridade para tratar da matéria, seria conveniente demonstrar, com sutileza, conhecimento sobre o assunto. Poderia, por exemplo, mencionar um projeto que tenha desenvolvido, um empreendimento do qual tenha participado, de uma tarefa que tenha liderado. Desde que essas informações estejam associadas ao tema da apresentação, reforçarão sua autoridade para se apresentar.

3 – TOMAR PARTIDO SOBRE ASSUNTOS POLÊMICOS OU CONTROVERSOS

Se você não quiser, não deve se despersonalizar dizendo o que não deseja. Cada um que fale o que julgar conveniente, mas não no início. Se a sua opinião contrariar a vontade de parte do público, ao mesmo tempo em que agradará os que concordam com sua teoria, poderá aumentar ainda mais a resistência daqueles que têm opinião distinta. Isto é, dificultará seu trabalho para convencer ou persuadir aqueles que estão na defensiva.

É recomendável, nessa situação, elencar todos os pontos comuns que tenha com a plateia e, com cuidado, sensatez e inteligência, começar tocando nos argumentos que estejam em sintonia com a maneira de pensar das pessoas. De tal forma que, depois de algum tempo, comecem a imaginar que as opiniões possivelmente sejam mesmo semelhantes. Assim, se desarmam, baixam as resistências e, despoliciados, poderão aceitar com mais facilidade suas propostas.

Só o fato de você chegar diante do público tendo consciência de que esses tipos de introdução precisam ser evitados, já fará com que utilize o início para atingir sua real finalidade — conquistar os ouvintes para que recebam bem a mensagem.

PARA RECORDAR

- Evite iniciar pedindo desculpas por problemas físicos.
- Evite iniciar pedindo desculpas pela falta de conhecimento sobre o assunto.
- Evite iniciar contando piadas.
- Evite iniciar tomando partido sobre assuntos polêmicos.

PASSO 9

INSTRUA OS OUVINTES SOBRE O ASSUNTO A SER ABORDADO

Uma das falhas de quem fala em público é ir diretamente ao assunto sem instruir adequadamente os ouvintes. A preparação para facilitar a compreensão das pessoas deve ser elaborada a partir das informações que elas já possuem sobre o tema. Dessa forma, você evitará falar sobre o que já sabem. Em determinadas situações, quando a plateia já estiver bem inteirada do contexto em que a matéria será abordada, essa orientação pode ser superficial e, em certos casos, até desconsiderada.

A fase de preparação, que tem como objetivo facilitar o entendimento dos ouvintes com relação à mensagem a ser tratada, é composta de três partes essenciais: o tema, a contextualização e o conteúdo da apresentação.

PRIMEIRA PARTE: CONTE SOBRE O QUE IRÁ FALAR

Nessa etapa você irá comunicar em uma frase ou duas a essência do conteúdo da apresentação. Embora consuma pouco tempo, essa informação poderá ser mais ou menos ampla dependendo de como as pessoas já estejam inteiradas do tema.

Mesmo que alguns ouvintes já saibam qual o assunto a ser apresentado, como você não consumirá mais que cinco segundos para dar essa informação, para não parecer que está revelando uma "grande novidade" já conhecida, poderia dizer, por exemplo: "Como a maioria sabe, hoje vamos estabelecer as metas de vendas para o próximo semestre". Dessa maneira, transmite a informação conhecida, mas não como se fosse algo inédito, sem prejuízo da própria imagem.

SEGUNDA PARTE: ESCLAREÇA QUAL É O PROBLEMA OU FAÇA UM HISTÓRICO

Se o objetivo da apresentação for o de sugerir a solução a determinado problema, para que os ouvintes entendam com facilidade a proposta que será dada, é preciso que saibam antes da existência do problema. Se a finalidade for a de discorrer sobre uma informação atual, neste momento você fará um histórico, contando como os fatos ocorreram até chegar ao instante atual.

O problema será mais ou menos detalhado dependendo das informações que o público já possuir. Para a diretoria da empresa, por exemplo, bastaria dizer que a empresa perdeu 10% do mercado. Se o grupo for composto de profissionais de nível hierárquico inferior, provavelmente, para que entendam bem o que está acontecendo seria necessário dar explicações mais pormenorizadas e contextualizadas.

Também no caso de fazer um histórico para que compreendam mais facilmente a novidade, a extensão desse retrospecto deverá considerar as informações que os ouvintes já tenham. Ou seja, o relato de como foi que tudo aconteceu dependerá de como tenham acompanhado o desenrolar da matéria ao longo do tempo.

TERCEIRA PARTE: REVELE AS ETAPAS QUE SERÃO CUMPRIDAS

Ao mostrar quais as partes do assunto que serão cumpridas, os ouvintes acompanham a sequência sem esforço. Sabem que depois de determinada etapa virá outra e que, logo após, uma nova será desenvolvida.

A divisão deve ser de poucas partes, três a quatro no máximo. E como ensina Vieira, as partes deverão ser sempre de um único assunto. Por exemplo: "Hoje vamos falar de agricultura mecanizada, agricultura manual e agricultura mista". Além de o público saber quais os passos que serão dados no discurso, você também consegue, com a divisão, organizar o raciocínio e saber o caminho que irá seguir.

A ordem dessas partes da preparação obedecerá a uma sequência lógica: primeiro conte sobre o que irá falar, em seguida esclareça qual é o problema ou faça um histórico e finalmente revele quais as etapas que serão cumpridas. Essa ordem deverá ser obedecida em mais de 90% das situações, mas nada impede que você faça mudanças. Se sentir, por exemplo, que revelar as etapas da apresentação seria mais adequado antes de esclarecer qual é o problema, pois facilitaria sua exposição e a compreensão dos ouvintes, poderá alterar. Só precisa observar se haverá mesmo benefícios com essa troca.

Você precisará fazer tudo o que for necessário para ajudar a plateia a compreender a mensagem. Há situações em que essa fase de instrução é tão abrangente que, ao chegar ao assunto central, instante de aplicar tudo o que foi preparado, a solução do problema já foi esclarecida e as informações atuais também assimiladas. Ou seja, a apresentação se mostra completa na fase de instrução.

Pode parecer complexo para quem não estiver familiarizado com o tema, mas na verdade é bastante simples: conte sobre o que vai falar, esclareça qual o problema a ser solucionado ou faça um histórico e revele as etapas que pretende cumprir. Sendo que, se julgar conveniente suprimir uma ou algumas delas para que o resultado seja mais eficiente, sem problema, elimine.

Tenha em mente que deverá fazer tudo o que for necessário para instruir os ouvintes e facilitar a compreensão do assunto. Nada além desse ponto.

PARA RECORDAR

- Conte em uma ou duas frases qual o assunto a ser abordado.
- Explique o problema a ser solucionado.
- Faça um retrospecto.
- Revele quais as etapas que pretende cumprir.

PASSO 10

DESENVOLVA O ASSUNTO CENTRAL

Depois de ter conquistado os ouvintes na introdução e de tê-los instruído na preparação, chegou o momento de desenvolver o assunto central, que é o objetivo principal da sua apresentação. Nessa etapa, que, evidentemente, é a mais importante de todo o discurso, você aplicará tudo o que foi preparado. Disse em uma ou duas frases qual o assunto sobre o qual iria discorrer, agora irá desenvolvê-lo. Revelou qual o problema que pretendia solucionar ou fez um histórico, agora dará a solução ou falará do presente. Esclareceu quais as etapas que seriam abordadas, agora irá cumpri-las. Isto é, tudo o que foi prometido na fase de preparação será aplicado.

Essas etapas não serão atendidas isoladamente, uma a uma. Todas deverão ser expostas simultaneamente. Ao mesmo tempo em que você desenvolve o assunto, dará a solução ao problema e cumprirá as diversas partes prometidas. Todas as informações são apresentadas como se fossem uma só, separadas apenas para finalidade didática.

Há ainda um ponto do assunto central que deverá se juntar a essas três partes: a argumentação. Observe que você desenvolve o assunto, dá a solução ao problema, cumpre as etapas da divisão e também apresenta os argumentos.

Você poderá se valer de toda a argumentação que julgar conveniente, desde que apoiem e deem consistência à mensagem. as mais comuns são: exemplos, comparações, estatísticas, pesquisas, estudos técnicos, estudos científicos, teses, testemunhos.

No caso das estatísticas, pesquisas, estudos técnicos e científicos é importante que sejam reveladas as fontes que as originaram. Quanto mais credibilidade elas tiverem, mais robusta será sua linha de argumentação. Da mesma forma que a tese mencionada terá mais peso se tiver sido defendida em instituição renomada, diante de uma banca competente. No caso dos testemunhos, de preferência que sejam depoimentos de pessoas sobre as quais não haja suspeitas de nenhuma natureza.

Reflita conosco. Se uma boa ideia — consistente e bem elaborada — pode encontrar resistências, não será difícil deduzir o que irá acontecer se sua proposta contiver falhas e dados incompletos. Por isso, antes de se apresentar esteja certo de que não se esqueceu de nenhum detalhe importante. Faça várias revisões, reúna um grupo de pessoas que possam ajudá-lo a simular objeções e resistências para testar se suportará as pressões que sofrerá durante a apresentação.

A melhor defesa deverá começar sempre com um bom ataque. Prepare-se com todos os argumentos que puder encontrar. Elimine os que considerar frágeis e inconsistentes. Separe-os por ordem de importância.

Escolha um bom argumento para começar e deixe o mais forte para o final.

Não seja negligente. Lembre-se sempre de que os argumentos deverão ter força de convencimento.

Depois de desenvolver o tema com o apoio dos argumentos, observe se os ouvintes entenderam bem o assunto. Se for necessário ajudá-los a entender melhor as informações, você poderá fazer uso das ilustrações. Ilustrar significa esclarecer, elucidar, iluminar, tornar claro o que foi informado. É uma história que pode ser real ou criada, inventada para possibilitar às pessoas que compreendam com mais facilidade a mensagem.

Servem como ilustração, fábulas, parábolas ou ainda histórias verdadeiras, como exemplos. Nas apresentações técnicas, em que se exige maior objetividade das informações, é recomendável o uso de exemplos como ilustrações, pois, além de auxiliarem o ouvinte a compreender melhor a mensagem, por nascerem da própria matéria, funcionam também como argumento e, por isso, são mais apropriados para apresentações que precisam ser concisas, objetivas.

Só para esclarecer melhor, imagine que tenha terminado de transmitir um assunto técnico para um grupo de pessoas que desejam objetividade, e, pela reação delas, você perceba que ainda não compreenderam bem as informações. Para ajudá-las a entender melhor o que acabou de comunicar, você conta uma fábula, uma história inventada apenas para servir como ilustração. Por causa dessa história fantasiosa conseguiram compreender suas informações. Só que, como se trata de uma narrativa inventada, elas poderão criticá-lo por ter sido supérfluo, prolixo e sem objetividade. Se, no lugar da fábula, tivesse usado um exemplo como ilustração, elas teriam compreendido da mesma maneira e não o teriam censurado por não ser objetivo.

A ilustração pode ser utilizada para facilitar o entendimento de todos os ouvintes, entretanto, ajuda ainda mais as pessoas de baixo nível cultural que, quase sempre, encontram maior dificuldade para acompanhar raciocínios mais complexos. Diante de ouvintes com essas características, atingem o mesmo objetivo também as metáforas, pois ao mostrar antes uma informação conhecida você facilitará o entendimento da mensagem ainda desconhecida.

No momento de escolher uma história para usar como ilustração, tome cuidado com aquelas utilizadas com frequência por palestrantes e conferencistas, pois por serem muito conhecidas, em vez de tornar clara sua mensagem, poderão tirar o interesse da plateia. Prefira histórias inéditas, que surjam espontaneamente nas suas leituras e conversas. Evite o uso excessivo de ilustrações, porque além do risco de se mostrarem mais importantes do que a própria mensagem, poderão prejudicar o interesse das pessoas.

PARA RECORDAR

- Desenvolva o assunto prometido logo no início.
- Dê a solução ao problema ou fale do presente.
- Use uma história para ilustrar.
- Na vida corporativa, prefira ilustrar com exemplos.

PASSO 11

REFUTE OBJEÇÕES

Quem se atira na defesa de suas teses batendo de frente com a resistência daqueles que se julgam prejudicados pela novidade apresentada, chega junto, briga, mas dificilmente se sai vitorioso.

Quando alguém se sente prejudicado por uma nova ideia, não significa que tenha sido apenas contrariado nas convicções ou ideais, pressupõe, principalmente, em certas circunstâncias, que talvez esteja correndo o risco, mesmo que remotamente, de ter de abandonar caminhos seguros e confortáveis.

Nessas ocasiões, em que as pessoas se sentem ameaçadas pelas propostas de mudanças — e que são as mais comuns no cotidiano corporativo — é preciso saber como se antecipar a essas resistências para refutá-las com eficiência. Por isso, esteja muito bem preparado para combater as objeções que tiver de enfrentar.

Embora a refutação deva ser feita após as objeções, e estas só poderão existir se houver argumento, não deixe para descobrir que precisará se defender apenas depois de ser atacado. Chegar antes significa prever com a maior antecedência possível que as objeções ocorrerão e se preparar de maneira conveniente para refutá-las. Procure prever todas as resistências que os ouvintes irão apresentar com relação a você, ao ambiente e, principalmente, ao assunto.

Para saber que tipo de objeção poderá surgir, coloque-se no lugar dos ouvintes e procure descobrir como eles poderão se sentir prejudicados com as suas propostas. Analise o desconforto que terão com as novidades que irá propor e as mudanças que deverão enfrentar se elas forem aceitas e implantadas.

Por isso, empenhe-se em enfatizar as vantagens que eles terão para que não se preocupem com as mudanças. Acima de tudo, precisarão perceber que as novas ideias só facilitarão ainda mais o trânsito no velho, bom e conhecido caminho de sempre.

Relacione todos os pontos comuns que tiver com os ouvintes e inicie a exposição falando sobre eles. Você precisará mostrar às pessoas que elas não correm riscos, que suas ideias não representam nenhum perigo. Ao pressentirem que existe uma identidade de pensamento entre vocês, se desarmarão das resistências e ouvirão com mais interesse.

Será muito melhor ainda se você puder usar como argumentos fatos vivenciados pelos próprios ouvintes, pois assim terão a impressão de que a sua ideia é a deles. Embora algumas pessoas resistam até à própria maneira de pensar quando percebem que elas produzirão mudanças, não é difícil deduzir que estarão sempre mais dispostas a aceitar uma proposta que imaginam ter sido originada a partir das suas experiências pessoais.

Sabendo antes quais as objeções que poderá enfrentar, desde o princípio, já a partir da introdução terá condições de enfraquecê-las, de tal maneira que quando elas surgirem efetivamente, depois dos seus argumentos, será muito mais simples combatê-las.

Apresente sua proposta falando com envolvimento, demonstrando interesse pelas ideias que defende. Mas lembre-se de que deverá estar em sintonia com o público, pois se as pessoas não estiverem motivadas poderão ficar ainda mais na defensiva. Analisando com antecedência as objeções e resistências que os ouvintes poderão apresentar, você estará chegando antes e ampliando suas chances de ser bem-sucedido.

Para não ser surpreendido por objeções durante sua apresentação faça a lição de casa e prepare-se com antecedência. Procure prever todas as resistências que os ouvintes irão apresentar.

Planeje com detalhes a refutação mais apropriada para cada tipo de objeção e programe a conduta mais eficiente para cada circunstância. Lembre-se, entretanto, de que nem sempre as objeções surgirão de maneira explícita, pois as pessoas, mesmo não concordando com seus argumentos, poderão continuar em silêncio. Isto é, apresentarão tacitamente as objeções. Caberá a você identificar quais são essas resistências e removê-las da mente dos ouvintes. É simples compreender a necessidade dessa atitude, já que se a objeção continuar com eles, ainda que não se manifestem, no final não aceitarão suas propostas e não agirão de acordo com sua vontade.

Só que nem sempre a solução é tão simples. Por mais que você estude o assunto e as características dos ouvintes, presumindo com segurança quais serão as resistências da plateia, haverá o risco de se enganar nas suas suposições. Assim, se imaginar a existência de uma objeção e ela não existir, em vez de tornar clara a resistência dos ouvintes estará na realidade levantando um ponto de discordância que nem havia sido pensado. Dessa forma, a objeção que não existia, a partir do momento em que você tocou no assunto e falou da possibilidade de sua existência, passará a preocupar o público que a verá agora como um problema.

Por exemplo, se você disser à plateia: "talvez vocês estejam pensando que o prazo de implantação do projeto seja longo demais", quem ainda não havia pensado na possibilidade dessa desvantagem do prazo, agora já estará refletindo sobre essa questão e considerando uma objeção que até esse instante não existia. Por isso, antes de mencionar uma objeção que ainda não tenha sido levantada expressamente pelo público, certifique-se de que ela efetivamente existe.

No caso de dúvida, a solução é não tocar no problema e reforçar a linha de argumentação de tal maneira que se ela existir possa ser afastada naturalmente.

PARA RECORDAR

- Estude com antecedência as objeções que poderá enfrentar.
- Prepare antecipadamente a refutação a cada uma das objeções.
- Cuidado para não tentar refutar objeções inexistentes.
- Se tiver certeza de que haverá objeção, afaste a resistência desde o início.

PASSO 12

FAÇA A CONCLUSÃO

Uma boa conclusão não salva uma apresentação ruim, mas um péssimo encerramento pode prejudicar um bom discurso. Por isso, é preciso saber o que deve ser evitado e o que é recomendável para concluir uma exposição.

Observe o cuidado com os termos sugeridos, "evitado" e "recomendável". Há situações em que certas atitudes consideradas desaconselháveis podem ser adequadas. Da mesma forma, há circunstâncias em que recursos indicados como bons para concluir acabam por não se mostrar eficientes.

Por exemplo, de maneira geral, o orador não deveria encerrar com expressões como "era isso o que eu tinha para dizer, muito obrigado", ou "era tudo o que eu tinha para informar". Essas conclusões, na maior parte das vezes, são vazias, inconsistentes e não contribuem para que os ouvintes reflitam ou ajam de acordo com as propostas da mensagem. Em determinadas ocasiões, entretanto, quando o orador tem por objetivo deixar claro que suas recomendações são definitivas e de que não haveria possibilidade de objeções, ao dizer "e isso era tudo o que precisava ser dito" estará se valendo de um recurso apropriado. Temos de levar em conta que esses são momentos excepcionais.

Encerrar não é muito simples. Há oradores que têm dificuldade para pôr ponto final em seus discursos. Perdem várias oportunidades para concluir. Insistem em repetir o que já haviam transmitido, até mais de uma vez, e deixam de aproveitar o melhor momento para fazer o encerramento.

Dizem que Carlos Lacerda, considerado um dos mais brilhantes oradores da história política do país, comentava que só iria se considerar um bom orador no dia em que aprendesse a encerrar seus discursos. Provavelmente, ele brincava com esse tema. Talvez quisesse alertar para o fato de que, diante do microfone, ele se empolgava e, até por vaidade, continuava falando além do limite desejável.

Esse é um defeito em muitas pessoas que falam em público. Animadas pela boa reação dos ouvintes, se entusiasmam com as próprias palavras e não concluem. Alguns palestrantes não obedecem ao tempo determinado para suas apresentações, invadem o horário daqueles que falariam a seguir e prejudicam o andamento do evento.

Normalmente é possível concluir pedindo ao público que reflita ou aja de acordo com as propostas desenvolvidas. São formas que podem ser aplicadas em quase todas as situações.

Além desse recurso, há outro que pode ser aplicado na maioria das apresentações. Lançar mão da essência da mensagem transmitida e repeti-la em duas ou três frases na conclusão.

Em todos os casos, pedindo a reflexão ou a ação dos ouvintes, ou repetindo de forma resumida o conteúdo da fala, um fator fundamental para o sucesso da conclusão é a entonação de voz. Há pessoas que até se valem de informações consistentes, mas encerram como se tivessem algo mais a transmitir. Colocam uma espécie de vírgula no lugar do ponto. Como não havia mais nada a informar, apelam para o "era isso o que tinha para dizer".

São duas maneiras recomendadas para encerrar quanto à entonação: uma, aumentando o volume da voz e a velocidade da fala; outra, ao contrário, diminuindo o volume e a velocidade. A primeira é usada normalmente quando o orador deseja concluir arrebatando a plateia para que as pessoas ajam em certa direção. A última, nas situações em que é pedido para que elas reflitam sobre os pontos abordados no discurso.

Se, por acaso, sentir que o final foi inconsistente, que a entonação não foi adequada para demonstrar que o discurso havia encerrado, algumas palavras e expressões ajudam bastante a rearrumar a conclusão: "portanto", "assim sendo", "com isso", "assim, eu espero que". Esse recurso permite que o orador retome o controle da apresentação e faça um final mais adequado.

Conta-se que ao perguntarem a Winston Churchill como ele preparava seus discursos, sua resposta foi curta e direta: preparo o início e o final. É evidente que não poderia faltar o questionamento complementar: e no meio? Mais uma vez seus esclarecimentos foram surpreendentes: "bem, no meio eu vou falando".

Folclore à parte, é importante saber que o orador deve ter uma boa ideia de como pretende encerrar sua apresentação. Os mais traquejados, com boa quilometragem de palco, até deixam para decidir já diante do público. Aproveitam os acontecimentos do ambiente para incluir na conclusão. Ainda que seu discurso tenha sido planejado em todos os detalhes, o fato de se valer de informações nascidas ali diante dos ouvintes dará a impressão de que toda a mensagem também foi produzida no momento da apresentação.

De todas as etapas, o final é o momento mais apropriado para o uso da emoção. É o instante em que os ouvintes já foram envolvidos pelos argumentos do orador e estão receptivos às mensagens que toquem seus sentimentos.

PARA RECORDAR

- Evite encerrar dizendo "era isso o que eu tinha para falar".
- Encerre com um tom de voz que indique claramente ao ouvinte que encerrou o discurso.
- Use a essência do conteúdo do discurso para encerrar.
- Encerre pedindo aos ouvintes que reflitam ou ajam de acordo com a mensagem.

PASSO 13

RESUMO DAS ETAPAS DA APRESENTAÇÃO

Vimos isoladamente como estruturar um discurso desde o início até a conclusão. Observe agora, de forma resumida, cada uma dessas etapas.

1) Cumprimente os ouvintes de acordo com a formalidade da circunstância. Independentemente de ser formal ou informal, o cumprimento deve ser sempre simpático e amável.

2) Conquiste a plateia fazendo uma introdução adequada. São várias formas disponíveis, mas agradecer ao convite recebido ou a presença das pessoas que aceitaram o convite cabe em qualquer ocasião. Mostrar de maneira clara quais os benefícios que os ouvintes terão com a mensagem também sempre pode ser utilizado.

3) Conte em uma ou duas frases qual o assunto que será abordado. Embora seja uma parte importante, deve ser bastante objetiva.

4) Esclareça qual o problema a ser solucionado ou faça um histórico do tema presente. Tanto o problema quanto o histórico devem ser desenvolvidos até o ponto em que os ouvintes sejam devidamente instruídos.

5) Revele aos ouvintes quais as três ou quatro partes do assunto que deseja cumprir. Se a apresentação for curta ou as partes facilmente compreendidas, durante a própria exposição, a divisão pode ser suprimida.

6) Dê a solução ao problema ou fale do presente. Se vários problemas de um mesmo tema foram apresentados, ao dar a solução, atenda a cada um deles separadamente. Se foi feita a divisão, agora também as etapas serão atendidas.

7) Escolha os argumentos mais consistentes para o assunto central. Evite o uso de muitos argumentos. Não caia na armadilha de repetir muitas vezes um argumento porque o considere bom. Correrá o risco de enfraquecê-lo.

8) Conte uma história para ilustrar e facilitar o entendimento dos ouvintes. Principalmente nos ambientes corporativos, que exigem mais objetividade, dê preferência aos exemplos como ilustração.

9) Refute as possíveis objeções. Procure estudar com antecedência as objeções que poderão surgir. Não seja apanhado desprevenido. Cuidado para não imaginar objeções que não existam, pois poderá montar sua própria armadilha.

10) Encerre pedindo aos ouvintes que reflitam ou ajam de acordo com a mensagem. Evite encerrar dizendo "era isso o que eu tinha para dizer".

Informações especiais:

11) Recursos recomendados para iniciar: elogio aos ouvintes. Frase de impacto. Fato bem-humorado. História

curta. Reflexão. Benefícios do assunto.

12) Recursos desaconselháveis para iniciar: contar piadas. Pedir desculpas por problemas físicos. Pedir desculpas pela falta de conhecimento sobre o assunto. Tomar partido sobre temas polêmicos.

Atenção: todos os recursos recomendados para iniciar também podem ser utilizados para concluir. Basta que sejam adequados ao tipo de apresentação e feitos com a entonação de quem está encerrando.

Embora a ordem sugerida seja lógica e deva ser utilizada na maior parte das vezes, nada impede que, dependendo da necessidade da circunstância, as partes ocupem posições diferentes e até sejam suprimidas.

Dependendo da ocasião, as partes de um discurso poderão ser mais curtas ou longas. De maneira geral, entretanto, o início e a conclusão deverão tomar pouco tempo da apresentação.

A introdução mais longa se justifica quando há muita resistência dos ouvintes com relação ao assunto a ser desenvolvido e até contra o orador.

Prepare tudo o que pretende dizer no início e na conclusão. Se, entretanto, observar no momento da apresentação algum fato interessante no próprio ambiente, substitua o que preparou por essa circunstância. Provavelmente será mais envolvente e cativante.

Há situações em que você deverá lançar mão de vários tipos de introdução. São aquelas ocasiões em que precisará conquistar a benevolência, a torcida dos ouvintes. Terá também de obter a atenção, o interesse. E até fazer com que desarmem as resistências com relação a você, ao assunto e ao ambiente. Nessas circunstâncias você só poderá iniciar a etapa de preparação depois de atendidas todas essas necessidades.

Pode parecer muito, mas com duas ou três frases esses objetivos poderão ser cumpridos. Por exemplo: "Bom dia a todos. Quero agradecer a esse convite que me fizeram. Meu nome é Gabriel Monteiro da Silva, sou diretor financeiro do Banco Lucro. O assunto que me traz aqui poderá representar um aumento de ganho excepcional no rendimento de cada um".

Você teria quebrado a resistência com relação a você, pela autoridade demonstrada para abordar o tema. Conquistado a torcida, pela forma como agradeceu ao convite. Conquistado a atenção pelo benefício que todos teriam com a mensagem.

PARA RECORDAR

- Conquiste os ouvintes no início, logo nas primeiras palavras.
- Instrua a plateia até o ponto em que consigam entender bem a mensagem.
- Desenvolva a mensagem com apoio de uma sólida argumentação.
- Encerre pedindo ação ou reflexão do público.

PASSO 14

FALE PELO TEMPO QUE PRECISAR, SEM ENROLAÇÃO

Uma das maiores preocupações de quem fala em público é a de não ter assunto para chegar até o final do tempo determinado. Imagine que seja convidado para falar em um evento em que vários oradores tenham de se apresentar. O programa indica que a sua participação será de 50 minutos.

Sem problema. Afinal, 50 minutos é a duração de uma aula. A vida toda você viu professores entrando e saindo para ministrar aulas dentro desse tempo. E, pelo que se lembra, nenhum teve dificuldade para cumprir bem sua tarefa. Normal!

Como o tema é do seu conhecimento, supõe que uma rápida lida nos tópicos que pretende desenvolver será suficiente. Para garantir o sucesso da sua participação, você elabora um roteiro com os dez pontos sobre os quais irá discorrer. Boa decisão, pois se, por acaso, a memória falhar, uma rápida olhada no recurso de apoio o colocará novamente na sequência planejada.

Diante da plateia, entretanto, você descobre que o seu desempenho não é o esperado. Já cumpriu metade dos itens programados e não consumiu nem 20 minutos. Tenta disfarçar, enrolar, repetir, mas esses artifícios não passam de dois ou três minutos.

Opa, uma ideia brilhante. Resolve pedir aos ouvintes que façam perguntas. Depois de insistir três ou quatro vezes, conclui que ninguém está interessado em participar.

Olha para o relógio e tem a impressão de que parou de funcionar, já que os ponteiros não saem do lugar.

Sem ter mais o que fazer, decide ir em frente. Já está na última linha da relação e só falou por 30 minutos. Como encontrar assunto para mais 20 minutos? Dá uma olhada no verso da folha na esperança de que teria colocado ali mais algumas observações, mas olha só por olhar, pois sabe que não há nenhuma informação adicional.

Resignado, para surpresa de todos, especialmente do responsável pelo evento, agradece a atenção do público e encerra. A pessoa que o convidou avisa que teria ainda um bom tempo para discorrer a respeito do tema. Diante da sua recusa, e tendo em vista que o próximo palestrante ainda não está presente, como última alternativa, o anfitrião propõe um intervalo para preparar os recursos que serão utilizados pelo orador seguinte.

Essa história hipotética não está descolada da realidade. Esses fatos ocorrem com mais frequência do que se imagina. Às vezes, o profissional acostumado a falar nas reuniões da empresa, onde há interação ativa dos outros participantes, e, geralmente, sem tempo estipulado, é levado a acreditar que no palco, diante da plateia, o quadro será semelhante.

Como podemos nos livrar dessas situações constrangedoras? Será que existe uma saída para circunstâncias tão desafiadoras?

Em primeiro lugar, transforme-se em colecionador de histórias. De preferência de casos relacionados à vida corporativa. E não precisam ser só exemplos próprios, pessoais. Os fatos narrados por outros profissionais também servem.

Histórias associadas aos projetos que tenha desenvolvido ou participado da elaboração, produtos que tenha lançado, concorrências que tenha vencido, planos bem-sucedidos ou não que tenha vivenciado. Ao garimpar esses episódios, descobrirá que em pouco tempo já terá de 15 a 20 bons exemplos no seu estoque.

Outra solução interessante é usar recursos que permitam abordar o tema por diferentes aspectos. Os mais recomendados são a divisão no tempo, no espaço e as comparações.

Se você estiver falando sobre tecnologia, por exemplo, sem muito esforço poderá fazer um histórico recordando as diversas etapas do desenvolvimento tecnológico ao longo do tempo. Uma rápida pesquisa será suficiente para indicar os momentos em que a tecnologia sofreu transformações mais acentuadas. Ao identificar esses pontos, poderá mencionar as circunstâncias que os cercam. Não será difícil saber quais os profissionais que deram maior contribuição em cada uma dessas fases, as organizações que participaram, os investimentos realizados e, para deixar o discurso ainda mais instigante, quais as curiosidades, as coincidências, os acasos que permitiram as descobertas.

Ao mesmo tempo em que faz essa divisão histórica, poderá também separar os fatos nos diversos locais onde ocorreram. Como a evolução se deu, por exemplo, nos Estados Unidos, na Europa, na Ásia. E estabelecer entre as diferentes épocas e locais as comparações, mostrando as diferenças e as semelhanças.

Dessa forma, elaborando a apresentação com essas divisões e comparações e tendo à disposição as histórias que colecionou irá seguro para as suas apresentações. Nunca mais ficará preocupado em não ter conteúdo suficiente para completar o tempo determinado para a sua participação.

PARA RECORDAR

- Passe a colecionar histórias, de preferência da vida corporativa.
- Use a divisão no tempo e no espaço para organizar o raciocínio.
- A cada etapa relevante do discurso mencione circunstâncias que cercam o fato.
- Associe vários recursos, como divisão no tempo, no espaço e comparações.

PASSO 15

FALE BEM
A DISTÂNCIA

Não tem mais volta. Ainda que algumas empresas insistam nas atividades presenciais durante toda a semana, ou em sistema híbrido, a comunicação a distância veio para ficar. Não se admite mais um gerente ou diretor de uma empresa de Porto Alegre, por exemplo, viajar até Fortaleza para participar de uma reunião de duas horas. Para alguém se locomover de um ponto a outro do país, precisará se ausentar do seu local de trabalho por dois ou três dias. Os gastos com transporte, hospedagem e alimentação, em muitas situações, começam a se tornar inviáveis. Sem contar o custo do profissional, que não estará presente em sua base de atuação. Por isso, fazer reuniões a distância é cada vez mais comum. Vamos analisar alguns cuidados simples para que essa comunicação a distância seja eficiente e produtiva.

1) **Relevância.** As reuniões a distância se tornaram mais frequentes. A boa participação do profissional pode ser de fundamental importância para a sua carreira.

Sugestão: conheça todas as plataformas e aplicativos para reuniões online disponíveis. Treine bastante para ter o domínio total dos recursos, de tal forma que possa se concentrar apenas na fala e no conteúdo da apresentação.

2) **Relevância.** A reunião remota exige ainda mais preparo que as presenciais. Todos os detalhes precisam ser considerados.

Sugestão: quando a reunião for realizada em casa, tenha cuidado com o sigilo das informações. Cuide para que a conversa tenha o máximo de privacidade, como se acontecesse em uma sala de reunião. Observe se os fones de ouvido não estão com volume muito elevado.

3) **Relevância.** As pessoas estão acostumadas com vídeos de boa qualidade, especialmente nos programas de televisão, por isso têm expectativa de boas gravações. Uma produção descuidada pode passar a impressão de que o conteúdo também é ruim.

Sugestão: capriche na qualidade dos vídeos. Participe de cursos que orientem como fazer boas gravações, que se aproximem das profissionais. Cuide do cenário. Use bons equipamentos. Quando errar durante a gravação, repita quantas vezes forem necessárias até que o erro seja eliminado. Use tripé para câmera. Fale com naturalidade, mas também com energia.

4) **Relevância.** As pessoas estão cada vez mais ocupadas, por isso exigem objetividade. Especialmente nas reuniões a distância o cuidado com a concisão deve ser observado.

Sugestão: se você estiver conduzindo a reunião, cuidado para não perder tempo com assuntos desnecessários. A capacidade de concentração dos ouvintes é limitada, e, em ambientes virtuais, esse tempo se torna ainda mais restrito. Tenha uma boa pauta e, no final, prepare uma ata da forma mais completa possível, para que no próximo encontro não se perca tempo com assuntos que já foram discutidos.

5) **Relevância.** Manter a câmera aberta ou fechada é uma dúvida bastante comum. Como a maioria ainda não está muito familiarizada com o uso dos equipamentos, alguns não sabem como agir nessas circunstâncias.

Sugestão: se a câmera estiver aberta, não se esqueça da comunicação visual. Às vezes, por se sentir desconfortável, a pessoa olha para baixo, mexe nos papéis e esquece de manter o contato visual com os outros participantes da reunião. Por isso, não se esqueça de olhar para a câmera.

Se a câmera estiver desligada, procure desenvolver a comunicação de forma mais dinâmica e envolvente. Essa apresentação mais expressiva ajudará a conquistar e a manter a atenção dos ouvintes. Trabalhe bem o volume da voz e a velocidade da fala, para que o ritmo seja atraente. Outro bom recurso é o de fazer perguntas durante a reunião para que todos interajam o maior tempo possível.

E, afinal, a câmera deve ficar aberta ou fechada? Na vida corporativa, se o chefe estiver com a câmera aberta, é um bom sinal para que os outros ajam da mesma maneira. Se, ao contrário, ele estiver com a câmera fechada, os outros também poderão permanecer assim.

Observe também a recomendação da empresa. Algumas organizações, para manter sigilo, exigem que seus profissionais participem das reuniões com as câmeras fechadas. Nesse caso não há o que discutir – a regra deve ser seguida.

Se você estiver bem preparado sobre os temas que serão discutidos na reunião, conversar de maneira animada quando tiver de participar, olhar para a câmera quando falar, encontrar um local que possa garantir a privacidade e observar a qualidade do cenário que aparecerá para os outros participantes, estará em condições de se sair bem na comunicação a distância.

PARA RECORDAR

- Se a câmera estiver aberta, mantenha contato visual olhando para a câmera quando estiver falando.
- Se a câmera estiver fechada, interaja mais com os ouvintes, fazendo perguntas e levantando reflexões.
- Tenha cuidado com a qualidade da imagem.
- Prepare uma boa pauta e procure evitar assuntos desnecessários.

PASSO 16

COMO FALAR COM OUVINTES JOVENS

Gostamos muito de falar com os jovens. Sempre que podemos, aceitamos convites de universidades para ministrar palestras. Ao mesmo tempo em que podemos ser úteis a eles, transmitindo ensinamentos a respeito da arte de falar em público, também somos beneficiados.

Quem são os nossos alunos no curso de oratória? Em sua maioria, são vice-presidentes de grandes organizações, executivos da alta gerência e profissionais liberais. Por isso, se não tomarmos cuidado, esse tipo de relacionamento constante poderia deixar a nossa comunicação desatualizada. Em contato com a garotada, recebemos "novos ares".

Conseguimos verificar se a nossa linguagem continua adequada, se as brincadeiras que fazemos ainda tocam a emoção da plateia e, principalmente, se ainda mantemos a atenção de todos por cerca de duas horas. É um aprendizado permanente. Quantas mudanças precisamos fazer para continuar tendo bons resultados!

Falar com os jovens pode parecer simples à primeira vista, mas esse tipo de comunicação exige estudo, reflexão e bastante experiência. Apenas a maneira adequada de comunicar as ideias poderá prender a atenção deles e fazê-los se interessar pela matéria tratada. Alguns conceitos se mostram como pontos basilares a respeito desse tipo específico de ouvinte, a partir dos quais você terá condições de atingir os objetivos que desejar.

As características da juventude foram estudadas há muitos séculos e, com pequenas adaptações, permanecem até os dias atuais. Nem é necessário voltar ao passado distante para nos conscientizarmos de algumas mudanças significativas. Sabemos, por exemplo, que de 20 ou 30 anos para cá os jovens passaram a ter medos, preocupações e estilo de vida diferentes. Ainda mais com as vertiginosas transformações provocadas pela tecnologia e pelos novos meios de comunicação, a cada dia surge uma novidade que afasta hábitos e costumes que pareciam imutáveis.

Vale aqui uma ressalva. Esse é um estudo interessante, curioso e muito instigante. Embora tratemos especificamente dos jovens, não podemos nos esquecer de que é preciso ter uma comunicação apropriada para cada público.

Uma visão diacrônica a esse respeito nos leva a um dos maiores pensadores da nossa herança cultural. Aristóteles analisou bem na Arte retórica como são os jovens. Suas considerações feitas há 2.400 anos podem ser adotadas sem reservas ainda nos dias atuais. Seus estudos sobre as características deles nos ajudam a entender como devemos nos comportar diante desse tipo de público. De todas as ponderações desenvolvidas pelo pensador grego aqui está, talvez, a que mais interessa a quem precisa se comunicar diante dessa plateia. Atentemos para o fato de que a forma como determinados temas devem ser abordados diante dos jovens tem de levar em conta a esperança e o porvir:

"Estão cheios de sorridentes esperanças; assemelham-se aos que beberam muito vinho, sentem calor como estes, mas por efeito de seu natural e porque não suportaram ainda muitos contratempos. Vivem, a maior parte do tempo, de esperança, porque essa se refere ao porvir e a recordação ao passado. E para a juventude o porvir é longo; e o passado, curto. Nos primeiros momentos da vida, não nos recordamos de coisa alguma, mas podemos tudo esperar".

Essa é a chave para o sucesso de quem deseja se comunicar bem com os jovens. Eles são irrequietos e idealistas. Estão com a cabeça no futuro, pois, como disse Aristóteles, o passado para eles é quase nada, enquanto o futuro é distante. Tanto que alguns se julgam até eternos. Portanto, ao falar com esse tipo de público, discorra sobre o amanhã, reacenda o entusiasmo latente, a crença em que é possível agir e realizar. Apresente abordagens que mencionem o futuro. Mostre planos, desafios, programas para novas realizações. É esse tipo de referência que irá motivá-los a acompanhar atentamente uma apresentação.

É importante enfatizar que o conteúdo pode continuar o mesmo para todo tipo de ouvinte. A mensagem até permanece sem alterações independentemente da característica do público, apenas a maneira de abordar o tema é que precisa estar de acordo com o perfil de cada plateia.

Por todos esses motivos, ao falar com ouvintes predominantemente jovens, tenha em mente os ensinamentos da "inteligência", pois como sabemos foi assim que Platão se referiu a Aristóteles quando este não compareceu a uma das reuniões na Academia: "A inteligência está ausente". Vamos nos lembrar sempre de que, ao falar com eles, temos de ajudá-los a vislumbrar o amanhã e imaginar como será o futuro.

E para que conheçamos ainda melhor quem são, encerremos com mais uma ponderação do grande pensador grego: "A índole deles é antes boa do que má, por não terem ainda presenciado muitas ações más. São também crédulos, porque não foram, todavia, vítimas de muitos logros".

PARA RECORDAR

- Diante dos jovens, fale do futuro.
- Diante dos jovens, fale de planos.
- Diante dos jovens, fale de desafios.
- Diante dos jovens, fale de esperança.

PASSO 17

COMO FALAR COM OUVINTES DE IDADE MAIS AVANÇADA

O filme *Meia-noite em Paris*, escrito e dirigido por Woody Allen, instiga a diferentes reflexões. Uma delas, e talvez a principal, é a de que se vivêssemos em outra época seríamos mais felizes. Só que o homem é insatisfeito sempre, pois ao ter oportunidade de retornar ao passado, pensa que se voltasse a um tempo mais longínquo, talvez fosse ainda melhor.

Não sei se já aconteceu com você, mas muitas pessoas dizem que chegam a sentir saudade de um tempo em que não viveram. Só o fato de pensar como teria sido a vida naquele período, já as transporta em pensamento para situações como se tivessem feito parte daquele cenário.

Quando assistimos aos trechos de filmes, os poucos que foram preservados, do início dos anos 1900, especialmente com cenas do Rio de Janeiro, e vemos algumas mulheres elegantes, desfilando pelos calçadões, trajando vestidos rodados e com largos chapéus na cabeça, cruzando com homens de terno, também de chapéu, chegamos a pensar que aquela era uma época de ouro na qual teria valido a pena viver. Sim, o passado quase sempre nos fascina. E se envolve a nós, dá para imaginar, então, o que acontece com as pessoas que envelheceram, e que possuem essas imagens na lembrança, que lhes proporcionam doces recordações.

Você tem pessoas idosas na família? Pais, avós, tios? Ou possui conhecidos com idade avançada? Como são as conversas com eles? Fazem planos, pensam em desenvolver ou lançar *startups*, abrir franquias, conhecer um pouco mais das novas profissões? Provavelmente, não. Salvo um ou outro caso excepcional, os diálogos giram em torno do que essa turma já fez. E na maior parte das vezes do que realizaram em passado bem distante. Normal. Aristóteles já alertava para esse fato há 2.400 anos ao escrever a Arte retórica. Dizia que por ter mais passado que futuro, as histórias que vivenciaram, as conquistas que experimentaram são os assuntos de sua preferência.

Ao atravessar a fronteira que os levam às últimas etapas da vida, como já sofreram derrotas, traições e desenganos são resistentes às novidades. Por mais promissora que seja a proposta que recebem, é quase certo que responderão com "talvez", "quem sabe", "vamos ver". Mais uma vez o pensador grego joga luz para entendermos o comportamento desses indivíduos. Diz que "os velhos têm opiniões, mas nunca certezas". Não ousam arriscar para não repetir equívocos sofridos em algum momento de sua existência.

Sempre gostamos muito de conversar com pessoas mais velhas. São interessantes, cheias de histórias para contar, ainda que sejam sempre as mesmas. Conhecíamos um senhor que já ultrapassara a casa dos 80 anos, mas era muito ativo. Saía para as suas caminhadas pelo parque e voltava meio decepcionado porque dizia não encontrar mais seus velhos amigos. Uns haviam morrido, outros estavam enfermos, e alguns mudado de cidade com os filhos e netos. Sua esperança era a de se juntar a essa turma para relembrar as histórias da estrada de ferro, onde trabalharam por décadas.

Sabendo disso, aproveitávamos todas as oportunidades para conversar com ele. Bastava mencionarmos um tema ligado à velha ferrovia que os seus olhos brilhavam. Ele se deliciava. Contava como começara a trabalhar, relatava alguns episódios pitorescos e falava das doenças que eles e os companheiros tiveram de superar lá nas matas do interior. Para nós era um prazer. Um permanente aprendizado. Ainda que fossem as mesmas histórias repetidas.

Se tiver de falar com pessoas idosas, sempre que puder, procure se referir ao passado delas, às histórias que as cercaram, aos episódios que vivenciaram. Mencionar conquistas que tiveram, realizações que marcaram sua trajetória. São essas abordagens que as seduzem, que provocam seu interesse e instigam sua atenção. Por terem mais tempo vivido que expectativa de vida, o futuro para elas nem sempre é inspirador. Preferem se agarrar ao que deixaram para trás. A história, quer seja boa ou má, alegre ou triste, pertence a elas. Revivê-las, recordá-las, repisá-las, ainda que seja por vezes incontáveis não as deixam cansadas. Ao contrário, sentem imenso prazer em recontá-las.

Se tiver de falar com plateias mais idosas, saiba que para conquistar a atenção dos ouvintes deverá se valer de exemplos que remetam ao passado e os façam recordar dos momentos vividos. É preciso ter em mente que as histórias da época que viveram são as que as deixarão interessadas.

PARA RECORDAR

- Diante de pessoas idosas, fale do passado.
- Diante de pessoas idosas, fale das conquistas que tiveram.
- Diante de pessoas idosas, dê exemplos dos bons tempos em que viveram.
- Diante de pessoas idosas, conte histórias sobre as experiências delas.

PASSO 18

COMO FALAR COM OUVINTES INCULTOS

Certa vez recebemos um famoso deputado para nossas aulas de oratória. Ele escrevia com frequência bons artigos para diversos órgãos de imprensa, participava de programas de televisão e se tornara referência em relevantes temas.

Como nós o conhecíamos bem, estranhamos seu interesse em nos procurar, depois de tantos anos ocupando tribunas e se reelegendo sucessivamente a vários mandatos. Por isso, perguntamos: "Como poderíamos ser úteis a um orador tão experiente?". Sua resposta foi curta e direta: "Preciso aprender a me comunicar com as massas. Eu me viro bem quando falo com a elite, mas sei que não sou bom para me comunicar com o grande público".

Ele conseguia votação suficiente com os eleitores que o conheciam pelos textos publicados nos jornais e pelas aparições em programas de televisão. Passava raspando. Seu temor era o de a qualquer momento não alcançar os votos de que precisava para continuar na Câmara Federal. Demos ao novo aluno vários temas do dia a dia, e pedimos que discorresse por alguns minutos sobre eles. Realmente, seu discurso não seria compreendido por pessoas não familiarizadas com aquele linguajar mais incomum. Foi um desafio interessante, com ótimo resultado. Mas antes de tudo, foi uma reflexão necessária sobre os aspectos que entram no jogo interpessoal quando emitimos uma mensagem.

Analise, por isso, alguns pontos que precisam ser considerados. Diante de pessoas com dificuldade de entendimento, o orador não pode desenvolver pensamentos complexos, nem se valer de raciocínios abstratos. Por serem de difícil entendimento para elas, deixam de prestar atenção logo nas primeiras frases.

Nessas circunstâncias, é preciso transmitir as informações de maneira simples, clara, transparente. Como dizia Lutero, o orador deve dizer que "branco é branco e preto é preto". E, mesmo assim, se certificar de que está sendo compreendido.

Diante de público com esse perfil, é conveniente evitar ironias finas e brincadeiras subentendidas. De maneira geral, esses ouvintes costumam pegar as palavras ao pé da letra. Não percebem que existe outra mensagem por trás do que está sendo dito, e se sentem ofendidos.

Plateias que fazem muito esforço mental para acompanhar a mensagem não conseguem sem ajuda chegar às conclusões a partir de reflexões levantadas pelo orador. Por isso, depois de completar a linha de argumentação, se resolver que as pessoas busquem soluções para as questões abordadas, é preciso mostrar a elas também a conclusão. Temos de nos conscientizar de que ao falar para esses ouvintes, o trabalho de interpretar e esclarecer deve ser de quem se apresenta. Sempre que possível, é conveniente não delegar essa tarefa a quem ouve.

Outro recurso importante para ajudar no entendimento do público é ilustrar cada informação relevante com histórias que sejam próximas da realidade dele. Oradores experientes têm sempre no estoque casos de pescarias, de churrascos e de futebol. Essas histórias associadas às experiências do dia a dia dos ouvintes, além de ajudá-los a compreender melhor a mensagem, provocam neles maior interesse pelo discurso.

O deputado refez suas apresentações seguindo esses critérios. Nas primeiras tentativas, até pela falta de hábito, teve alguma dificuldade. Depois, pegou o jeito e demonstrou até certo prazer com esse estilo de comunicação. No final do treinamento, ele fez uma pergunta interessante: "Ficou evidente para mim agora a forma adequada para me comunicar. Como, entretanto, posso ter certeza de que estou me expressando de maneira correta?".

Sugerimos a ele um exercício bastante simples, que resolveria de vez as suas incertezas. Pedimos que, pelo menos nas primeiras vezes, treinasse suas apresentações diante das pessoas que o auxiliavam em casa, como cozinheira, porteiro, motorista. No final de cada discurso, sem dar a impressão de que estava "fazendo provinha", conversasse com eles a respeito dos tópicos que havia discorrido. Se tivessem entendido, estaria no caminho certo. Se mostrassem ter dúvidas, deveria explicar novamente até que todas as dúvidas fossem sanadas.

Algum tempo depois, encontramo-nos com ele. Seus comentários foram curiosos: "Passei a fazer os exercícios que me recomendaram. O fato interessante é que, além de melhorar a minha comunicação com esse tipo de público, eu me aproximei mais dessas pessoas. Nossa convivência passou a ser mais saudável e harmoniosa". Retrucamos: "Se eles estão gostando, pode ter certeza de que os outros também vão aceitar bem".

Esses mesmos conceitos podem ser aplicados integralmente nas reuniões da empresa, nos processos de negociação, nas vendas e nas conversas do dia a dia. Para se tornar um bom orador, é preciso ter em mente que cada ouvinte exige uma forma adequada de comunicação.

PARA RECORDAR

- Diante de ouvintes incultos, fale de forma clara, direta e transparente.
- Diante de ouvintes incultos, conte histórias simples para ilustrar.
- Diante de ouvintes incultos, não use ironia fina nem mensagem subentendida.
- Diante de ouvintes incultos, levante reflexões e dê a eles a conclusão.

PASSO 19

COMO FALAR COM OUVINTES DE BOA FORMAÇÃO INTELECTUAL

Embora os ouvintes com bom preparo intelectual possam ser mais exigentes, são também, ao mesmo tempo, aqueles que compreendem mais facilmente todo tipo de mensagem. Porém, não aceitam, sem refletir, qualquer argumento. Esperam que o orador forneça a fonte de onde extraiu suas teses. Quanto mais consistente for a origem da informação, mais receptivos se mostrarão a ela.

Nas reuniões corporativas, quem apresenta projetos e propostas, ou discute temas que requerem decisões, salvo uma ou outra exceção, terá pela frente ouvintes de bom nível intelectual. São profissionais quase sempre acostumados a esse tipo de encontro, e muito bem formados.

Pessoas com esse preparo acompanham sem esforço pensamentos complexos e até abstratos. Ainda que não entendam determinado conceito, conseguirão deduzir seu significado dentro do contexto da apresentação. Por isso, desde que haja lógica na sequência da exposição, você não precisará se preocupar muito se está sendo ou não compreendido. Tanto que, nesses casos, é preciso tomar cuidado para não desestimular os ouvintes com excesso de explicações. É um equívoco de algumas pessoas, repetem duas ou três vezes a mesma informação partindo do pressuposto de que não ficou claro o que disseram.

Esse é o público ideal para você se valer de tiradas espirituosas e de ironias finas. Ao lançar mão desses recursos, demonstrará que possui "luzes", inteligência, boa formação. Ou seja, projeta com essas sutilezas uma imagem positiva e conquista, assim, mais credibilidade para transmitir a mensagem.

Nos momentos em que faz uso de informações subentendidas, estará sutilmente elogiando a inteligência dos ouvintes. É como se dissesse: Sei que vocês são bem preparados. Por isso, posso falar nas entrelinhas que vão acompanhar e entender a brincadeira.

Diante de plateias com essas características, você poderá apresentar sua linha de argumentação, e, ao chegar no final, levantar uma reflexão, deixando por conta dos ouvintes a conclusão. As pessoas com boa formação até sentem prazer em fazer sozinhas as deduções. Há aí um fenômeno curioso. Durante a exposição, você vai impregnando a mente das pessoas com seus argumentos. Quando, no final, levanta uma reflexão, o público vai ponderar, geralmente, com base no que ouviu. Portanto, a chance de que cheguem às conclusões pretendidas por quem fala é bem maior. Com a vantagem de que os ouvintes terão a impressão de chegarem sozinhos à conclusão, quando na verdade, foram induzidos pela sua argumentação.

O fato de os ouvintes imaginarem ter essa liberdade de pensar por conta própria, sem interferência de outra pessoa, afasta o risco de possíveis resistências emocionais. Há situações em que surge um forte desejo de ter liberdade para, sozinho, tomar as decisões e chegar às conclusões. Quanto mais o indivíduo sente que está sendo pressionado pelos argumentos contrários, mais tem a sensação de que perde essa independência. Por isso, ainda que conclua estar errado e que o interlocutor está certo, para manter sua liberdade de pensar, continua resistindo ao que ouve. Ao ter essa percepção de que ninguém o obriga a agir de uma maneira ou de outra, deixa de pôr obstáculos. Acha que decidiu sozinho, quando, na verdade, foi persuadido a se comportar da maneira como se comportou.

Portanto, ao tratar com pessoas de nível mais elevado, você pode se apresentar sem receio de que a mensagem seja muito difícil de ser entendida. Precisa ser criterioso na escolha dos argumentos, sempre com a preocupação de identificar boas fontes para que se tornem consistentes. Deve evitar repetições desnecessárias para não incomodar o público, já que, provavelmente, os ouvintes entendem bem na primeira explicação. Desde que não se transforme no "bobo da corte", está livre para explorar presença de espírito, de preferência as ironias sutis, deixando de lado os trocadilhos, que normalmente são de mau-gosto.

É um público que exige mais preparo e autoridade do orador, mas aceita bem a mensagem quando percebe que está corretamente sustentada e compõe uma estrutura lógica de unidade e raciocínio.

PARA RECORDAR

- Diante de ouvintes com bom preparo, seu discurso poderá ser mais complexo.
- Diante de ouvintes com bom preparo, você pode usar ironias finas.
- Diante de ouvintes com bom preparo, deixe as conclusões por conta deles.
- Diante de ouvintes com bom preparo, evite excesso de explicações.

PASSO 20

COMO FALAR COM OUVINTES LEIGOS

Alguns oradores preferem falar para ouvintes que conhecem o assunto, outros, entretanto, gostam mais de se comunicar com o público leigo. A estratégia de comunicação deve ser diferente para um e outro tipo de plateia.

Quando os ouvintes são leigos, não familiarizados com a matéria abordada, terão mais dificuldade para acompanhar a linha de raciocínio do orador. A falta de informação faz com que os tópicos tratados sejam sempre novidade. Sabemos que, até pelo receio de não conseguirem compreender os novos conceitos, nessas circunstâncias se mostrem mais resistentes.

Se você desenvolver o assunto com muita profundidade, em pouco tempo, as pessoas concluirão que a matéria é demasiadamente complexa e deixarão de se concentrar na mensagem. Por isso, é importante ter consciência de que diante de ouvintes com esse perfil é preciso adotar um comportamento que possa atendê-los.

Nesse caso, como acontece quando falamos para pessoas incultas, as explicações devem ser didáticas, sempre acompanhadas de exemplos e comparações. Ao mostrarmos as semelhanças dos novos conceitos com as informações que já possuem sobre outros assuntos será mais simples o entendimento. Esse é um ponto que deve ser levado em consideração. Ainda que os conceitos teóricos, até pela característica da matéria, devam ser complexos, os exemplos que se aproximam da realidade dos ouvintes serão úteis para facilitar a compreensão.

Nem sempre será possível transmitir a mensagem de maneira completa, com todos os detalhes. Diante desse tipo de público, é preferível que você mostre as informações na superficialidade. Temos de nos lembrar de que as pessoas estão dando ali os primeiros passos, na maioria das vezes para ter uma ideia geral do tema. Passado esse estágio, aí sim você poderá falar com profundidade maior, pois os conceitos iniciais já serão conhecidos.

Algumas matérias do nosso curso, como a retórica, por exemplo, exigem boa capacidade de compreensão. Alguns alunos, acostumados a fazer apresentações, vibram quando percebem que existe uma forma lógica para elaborar o discurso. Como já superaram as dificuldades iniciais de quem fala em público, estão em busca de informações que possam aprimorar ainda mais suas exposições.

Outros, entretanto, nunca se apresentaram diante de uma plateia, ou falaram nessas circunstâncias poucas vezes. Não adianta tentar ensinar a eles o conteúdo com toda a complexidade, pois não terão condições de acompanhar. Por isso, para esses casos, temos até três abordagens distintas disponíveis. Pomos em prática aquela que estiver mais adequada ao perfil do aluno.

Nesse caso, procure se inteirar bem do preparo dos ouvintes. Durante a apresentação, sendo possível, vá passando as informações e fazendo perguntas para medir o entendimento do grupo. Se perceber que estão com dificuldade para acompanhar, passe a tratar do assunto de forma mais superficial e dê explicações complementares até que consigam compreender.

Observe que os ouvintes ficarão ou não interessados na apresentação de acordo com a sua atuação. Essa máxima deverá estar sempre presente em todo tipo de exposição: se o ouvinte não entender ou não se interessar, a culpa será sempre do orador, nunca do público.

PARA RECORDAR

- Diante de ouvintes leigos, trate do assunto na superficialidade.
- As pessoas leigas acompanham com mais facilidade se você usar ilustrações.
- As boas ilustrações são aquelas que vão ao encontro da realidade dos ouvintes.
- No caso de dúvida, faça perguntas para medir o nível de entendimento.

PASSO 21

PARA FALAR BEM DIANTE DE OUVINTES QUE DOMINAM O ASSUNTO

Parta sempre do seguinte princípio: se estiver bem preparado para falar sobre determinado tema, dificilmente haverá alguém na plateia que conheça mais a respeito do assunto que você. Não se esqueça de que elegeu cuidadosamente os pontos a serem desenvolvidos, pesquisou cada detalhe da sua apresentação, avaliou as possíveis objeções que poderia enfrentar. Enfim, você é quem domina os passos da sua exposição. Não há o que temer.

Diante de pessoas especializadas na matéria que irá abordar, tome o cuidado de não desenvolver o conteúdo de forma muito superficial. Se agir assim, o público interpretará que as informações são muito elementares, básicas, sem atrativos e logo se desinteressará pela mensagem. Aprofunde o discurso até o ponto que possa estar de acordo com as expectativas da plateia.

Por isso, é importante fazer sempre uma boa avaliação do público. Os responsáveis pela organização do evento poderão ajudar. Dirão a você qual a formação e atividade dos participantes. Além desses dados, talvez consigam informar também quais as expectativas que os ouvintes têm pela palestra.

Será que desejam apenas saber mais sobre o que será exposto? Será que gostariam de alguma recomendação para ganhar mais dinheiro? Mais perspectivas profissionais ou indicativos importantes para seus empreendimentos? Ou, ainda, mais tranquilidade na manutenção de seus negócios?

Com esse levantamento em mãos, terá condições de dar um direcionamento especial para ir ao encontro dessas necessidades. Temos de estar sempre conscientes de que as pessoas só se interessarão por uma apresentação se perceberem que consumirão seu tempo para obter algum tipo de vantagem. Ao se darem conta de que terão benefícios, se concentram na mensagem e mantêm a atenção.

Não sendo possível obter essas informações com os organizadores, o problema poderá ser resolvido estabelecendo conversas informais com alguns dos presentes antes de iniciar a apresentação. Se mesmo assim tiver dificuldade, nada impede que faça certas perguntas logo no começo. Com poucos questionamentos terá uma boa amostra sobre a formação e a experiência dos ouvintes.

O importante é que se dedique da melhor forma que puder para estar bem informado, pois só assim terá condições de saber como irá encaminhar a apresentação de acordo com as características da assistência.

Se, por acaso, o grupo for heterogêneo, formado de pessoas com larga experiência no tema, e outras que estão apenas se iniciando, há algumas saídas que poderão ajudar a não perder nenhuma das partes da plateia.

A primeira atitude é a de descer a profundidade do assunto um pouco abaixo da metade entre um e outro público, de tal maneira que algumas explicações complementares possibilitem o entendimento de quem esteja despreparado, sem desestimular os que estão na esfera superior.

Outra cautela recomendável é a de explicar a matéria com a maior profundidade que puder, tendo em vista, assim, os especialistas. Na hora de dar os exemplos para ilustrar o que disse, conte histórias que estejam próximas da realidade daqueles que talvez não tenham acompanhado bem a teoria. Dessa forma, atenderá aos dois extremos dos ouvintes, aqueles familiarizados com a tese proposta, e os leigos, que necessitam de exemplos concretos para uma compreensão mais plena.

Se julgar que ficará inseguro com as perguntas que os ouvintes possam fazer, estabeleça uma espécie de contrato com eles logo no início. Diga, por exemplo, que preparou uma sequência e que gostaria de cumpri-la em todas as etapas. Portanto, se alguém tiver alguma dúvida ou desejar explicações complementares, no final se colocará à disposição para tratar dos pontos sobre os quais tiverem interesse.

Esse procedimento é importante porque, se as perguntas surgirem durante a palestra e você não tiver respostas adequadas, o risco de perder a credibilidade é considerável. Sem contar que, de maneira geral, poucos se interessam em fazer perguntas ao final da apresentação. E mesmo que façam, se não tiver a resposta, poderá, com mais tranquilidade, fora do momento de pressão, se prontificar a pesquisar e informá-los posteriormente.

Se seguir essas sugestões, as chances de se sair bem diante de ouvintes que estejam inteirados do assunto aumentam bastante. Portanto, não fique preocupado, apenas aja de forma adequada e será bem-sucedido.

PARA RECORDAR

- Diante de pessoas que conhecem o tema, não fale na superficialidade.
- Aprofunde o assunto até o limite de entendimento dos ouvintes.
- Pesquise antes sobre o preparo das pessoas que irão ouvi-lo.
- Você se preparou para falar, portanto, o assunto é do seu domínio.

PASSO 22

FAÇA AJUSTES NA APRESENTAÇÃO

Você não pode negligenciar. Para garantir o sucesso da apresentação precisa ser diligente na análise dos ouvintes. Todos os aspectos são relevantes nessa avaliação: a faixa etária, o nível intelectual e o conhecimento que a plateia tem sobre o assunto a ser abordado. Ao identificar as características predominantes do público e as aspirações das pessoas que irão ouvi-lo, estará em condições de acertar a sintonia com a assistência e determinar o caminho seguro para transmitir a mensagem.

Dificilmente será possível encontrar pessoas com perfil idêntico. Por isso, o que deve ser levado em consideração são os aspectos predominantes. Dessa forma, com pequenos acertos, todos poderão ser contemplados com a mensagem.

Esse estudo preliminar poderá dar ao palestrante um nível de acerto elevadíssimo. Embora não haja pesquisa a esse respeito, não seria exagero afirmar que talvez supere os 90 ou 95%. É a segurança de que a forma de abordar a mensagem irá ao encontro do perfil da plateia.

A dedução lógica e imediata é a de que se o acerto será nesse percentual, existe um risco de equívoco entre 5 e 10%. Essa falha poderá ser equacionada durante a própria apresentação. Desde o princípio, já nas primeiras palavras, você precisa ficar atento às reações dos ouvintes. Se, por exemplo, havia planejado uma exposição mais técnica, e a plateia não reage de acordo com suas expectativas, deverá redirecionar a fala para um discurso com histórias e interações mais frequentes, ou vice-versa. Dessa forma, em pouco tempo poderá eliminar os defeitos da avaliação preliminar e estabelecer um novo canal livre de comunicação.

Certa vez, recebemos um grupo de 20 executivos para participar do curso de oratória. Como sempre fazemos, analisamos as fichas de inscrição de cada um dos participantes. Eram todos jovens. Para dar uma ideia, o mais velho tinha 29 anos, era o vice-presidente da empresa. Os outros, na faixa de 26 a 28 anos, ocupavam as funções de diretores e gerentes. O diagnóstico foi rápido e muito simples. Deveríamos levar as aulas de maneira leve e bastante descontraída. Até com a roupa fomos mais à vontade, sem formalidade.

Um bom indicador da aceitação dos ouvintes é o humor. Na ocasião, percebemos que os alunos não estavam reagindo, nem diante das brincadeiras que normalmente dão resultado em praticamente todos os ambientes. Enganamo-nos na avaliação daqueles profissionais.

Notamos que mesmo sendo jovens, provavelmente pelas atividades que exercem, tornaram-se muito maduros. Deixamos de lado a descontração e o humor que havíamos adotado e passamos a falar de um jeito mais sério, com foco em argumentos mais racionais e assertivos, de acordo com as exigências da vida corporativa.

A resposta foi rápida, com excelente interação do grupo. No final, fizeram uma avaliação do treinamento, e gabaritou com nota máxima.

Se tivéssemos insistido na primeira análise, e não observássemos o comportamento dos ouvintes já nos instantes iniciais, provavelmente, o curso não conseguiria a excelência que atingiu.

Em apresentações presenciais, essa leitura é mais fácil, pois a partir do contato visual, você pode avaliar de forma mais concreta a reação do público. Até intuitivamente, notará como as pessoas estão se comportando. Se mexem no celular, se estabelecem conversas paralelas, se saem da sala com frequência, se perdem a atenção. Nas reuniões online, essa observação torna-se mais complexa. Ainda que seja possível ver as pessoas nos quadradinhos na tela, essa leitura periférica fica prejudicada. Por isso, nesse caso, o ideal é estudar com mais profundidade as características dos ouvintes, de tal maneira que o risco de equívoco possa ser reduzido de 5 para 1 ou 2%. Ainda que seja mais difícil fazer a avaliação do público nos contatos remotos, com esse percentual mais baixo de risco de engano, será possível promover os acertos necessários.

Portanto, para ter sucesso na apresentação, é fundamental avaliar bem e com antecedência as características e aspirações dos ouvintes. Tão importante quanto essa análise antecipada, entretanto, é a observação das reações das pessoas para se certificar se houve ou não alguma falha nesse estudo. Essa leitura dirá que adaptação você deverá efetuar já diante do público.

PARA RECORDAR

- Avalie muito bem as características e as aspirações dos ouvintes.
- Observe pelas reações dos ouvintes se não houve equívoco na avaliação.
- Se perceber que as pessoas não reagem como você esperava, adapte a fala para a nova realidade.
- Se fizer apresentações remotas, o estudo sobre os ouvintes deve ser mais detalhado.

PASSO 23

COMO OS GRANDES ORADORES TREINAVAM OS SEUS DISCURSOS

A pergunta é recorrente: "Como faço para treinar o meu discurso?" Alguns emendam o que ouviram dizer: "Exercitar na frente do espelho é bom, né?". Antes de dizer o que é recomendável ou não no preparo de uma apresentação, é oportuno esclarecer que qualquer método que dê resultado pode ser usado.

Esse talvez pareça um comentário sem muito sentido, mas entre as inúmeras lições que aprendemos nessas décadas ensinando a arte oratória há uma em especial: se o recurso utilizado pelo orador para exercitar suas apresentações funcionar, deve receber o carimbo de aprovado.

Retomando o caso do espelho, por exemplo. Como regra geral, não aconselhamos a pessoa ensaiar seus discursos se valendo desse recurso. O orador se sente desconfortável, artificial, sem saber bem como agir. Fica em dúvida se olha para as mãos, para os pés, para a fisionomia, para os movimentos da boca.

Enfim, acaba por se preocupar e por se distrair com detalhes que mais atrapalham que ajudam. Por outro lado, se alguém nos diz que se sente muito bem falando na frente do espelho e que assim se prepara de forma mais eficiente para enfrentar a plateia, jamais dizemos a ele para interromper esse tipo de preparação.

Sobre a liberdade que cada um pode e deve ter, houve um caso bastante curioso. Recomendamos sempre que uma pessoa só tenha um objeto na mão nas situações em que ele esteja no contexto da apresentação. Por exemplo, se o palestrante fala em pé segurando uma caneta, provavelmente seria uma atitude inadequada, pois, sem que haja algum propósito para isso, ela poderia se tornar um ruído e desviar a atenção dos ouvintes.

Por outro lado, se estivesse sentado atrás de uma mesa, a caneta seria recomendável para fazer anotações. Estaria dentro do contexto. Portanto, segurar microfone, *laser pointer*, passador de *slides*, ainda que ocupem todas as mãos, se tiverem utilidade, estarão bem contextualizados.

Certa vez, entretanto, recebemos um aluno que insistia em falar com uma caneta na mão. Era fluente e bastante comunicativo. Pedíamos para deixar as mãos livres, pois poderia atrapalhar a concentração da plateia. Ele deixava o objeto sobre a mesa e perdia totalmente o ritmo da exposição. Pegava a caneta novamente, e voltava a se expressar com desenvoltura.

Não tivemos dúvidas. Sugerimos que continuasse falando com a caneta na mão. No seu caso dava excelente resultado. Nunca vimos nada semelhante, mas foi um bom exemplo para avaliarmos as exceções.

No treinamento de um discurso, aconselhamos que o orador exercite na frente de uma parede a aproximadamente três metros de distância. Quando se sentir confortável, poderá gravar a apresentação com o smartphone. Se perceber alguma incorreção, fará o acerto.

Quem tenta gravar os ensaios desde o princípio poderá ficar desestimulado, pois nas primeiras vezes o resultado não é muito bom. Gravar depois de estar bem treinado pode ser mais estimulante.

Os grandes oradores recorriam aos métodos mais distintos e até estranhos. E põe estranho nisso!

Lacordaire é considerado um dos melhores pregadores da história. Sua prática era interessante. Preparava algumas anotações com os pontos que julgava mais importantes para os seus sermões. Em seguida, se dirigia ao jardim do convento onde habitava e ensaiava falando para as flores. Vislumbrava em cada uma delas o público que iria ouvi-lo. Depois de treinar muitas vezes o mesmo discurso, se sentia em condições de enfrentar e conquistar a plateia que tomava todas as dependências da catedral de Notre Dame.

Outro que gostava do exercício diante das plantas foi Frei Francisco de Monte Alverne, um dos mais completos pregadores brasileiros de todos os tempos. Este extraordinário orador ensaiava falando para as verduras e legumes da horta, especialmente os repolhos.

Imaginava que falava com as personalidades que estariam presentes na igreja no domingo. Dava muito certo, pois encantou as multidões que compareciam às suas pregações.

Portanto, cada um pode recorrer ao recurso de treinamento que julgar mais adequado para o seu caso. Se, todavia, não souber como agir, a melhor recomendação continua sendo a de falar bastante em frente a uma parede, e quando se sentir preparado gravar a apresentação para fazer os ajustes finais.

PARA RECORDAR

- Treine os discursos de frente para uma parede, a uma distância de uns três metros.
- Quando se sentir preparado, grave um exercício com o smartphone.
- Se perceber alguma falha, volte a treinar até acertar.
- Qualquer método de treinamento será bom se funcionar para você.

PASSO 24

SERÁ QUE OS OUVINTES GOSTARAM MESMO DA SUA APRESENTAÇÃO?

> "Eu não sou homem que recuse elogios. Amo-os; eles fazem bem à alma e até ao corpo. As melhores digestões da minha vida são as dos jantares em que sou brindado."
>
> **Machado de Assis**

Esta é uma questão muito importante para quem fala em público, seja em palestras ou reuniões corporativas – vamos refletir a respeito dos elogios que você poderá receber após o encerramento de uma apresentação. Como saber se eles foram honestos ou não?

Receber elogio é muito bom. Dá uma acariciada no ego. Nós nos sentimos importantes. É a afirmação de um valor a nosso respeito que gostamos de ver refletido nos olhos dos outros.

Sempre que nos elogiam no final das nossas palestras, agradecemos, mas, dependendo da circunstância, ficamos com um pé atrás. Até contrariando as palavras do dramaturgo romano, Tito Mácio Plauto: "Prefiro até ser elogiado falsamente a ser criticado sinceramente".

Para quem fala em público esse feedback positivo é importante. Após encerrar sua apresentação, naturalmente, você espera por um retorno elogioso do discurso. Afinal, seria o reconhecimento do bom desempenho que teve diante da plateia. Veja, entretanto, que estamos dizendo "seria". Este texto discute esse tema.

Quais seriam os requisitos determinantes para saber se uma palestra tem ou não boa qualidade? Vejamos alguns indicadores que ajudam a dar resposta à questão: afinal, a minha apresentação foi boa?

1) **Ouvintes atentos** - O primeiro critério de avaliação é observar se os ouvintes permaneceram até o final da apresentação. Se as pessoas saíram muito da sala, pegaram com frequência no celular, mantiveram conversas paralelas, significa que algo errado aconteceu. Se ficaram atentos o tempo todo, é a primeira indicação de que gostaram.

2) **A interação do público** - O segundo critério para medir a qualidade da palestra é verificar se a plateia reagiu às brincadeiras, piadas e tiradas bem-humoradas. Quando os ouvintes dão pronta resposta a esses momentos significa que estão em sintonia e interagindo com o palestrante.

3) **Convite renovado** - O terceiro critério, e dos mais relevantes, é verificar se a empresa que o contratou renovou o convite para novos eventos, ou indicou sua palestra para outras organizações. No caso de ter falado dentro da própria empresa, ou diante de grupos ligados a ela, observe se essas designações se repetiram. Se ficou apenas naquela experiência, cuidado, pois talvez não tenha ido tão bem.

De nada adianta aplaudirem, elogiarem até com entusiasmo o seu desempenho se nunca mais pensarem no seu nome. Se esses requisitos forem atendidos, será possível concluir que a atuação foi aprovada.

Além das palestras que ministramos, temos um exemplo muito particular com as nossas aulas de apresentação. A cada início do curso de oratória, fazemos 10 apresentações gratuitas. Só depois de assistir a uma delas é que as pessoas decidem se farão ou não o curso. Em número redondo, já ministramos cerca de 1.500 dessas aulas.

Mesmo tendo cada detalhe milimetricamente planejado, às vezes, sentíamos não ter tocado a emoção dos ouvintes. Ao final da aula, recebíamos muitos elogios. Agradecíamos, mas aguardávamos o resultado das inscrições.

4) **Depende do desempenho** - Ao final, as secretárias nos perguntavam: e aí, qual a nota para a aula? Respondíamos com sinceridade. Hoje foi dez, ou, esta não passou de sete. Era matemático. Quando sentíamos que os ouvintes interagiam e prestavam muita atenção, as matrículas abundavam. Caso contrário, não.

Por isso, depois de uma palestra, ou mesmo de uma reunião, de um processo de negociação, avalie esses indicadores:

- Os ouvintes prestaram atenção?
- A plateia reagiu às suas brincadeiras ou histórias interessantes?
- Foi convidado a discursar novamente em outra oportunidade, ou indicaram seu nome para falar em outros departamentos ou outras empresas?
- Atingiu o resultado pretendido?

Se ficaram só com tapinha nas costas e nos elogios, faça uma boa análise das suas apresentações e descubra o que precisa ser aperfeiçoado para cobrir com sucesso todos esses pontos. Não confie muito nesses elogios protocolares. Ou você acha que alguém vai dizer a você que não gostou da sua palestra?

PARA RECORDAR

- Elogios são bons, mas às vezes são apenas protocolares.
- Pedirem para falar em outro evento é o melhor elogio que poderia receber.
- Ouvintes interessados raramente saem da sala.
- Se a plateia estiver gostando, reagirá às suas brincadeiras.

PASSO 25

NÃO SEJA PROLIXO NEM CONCISO DEMAIS

É preciso muita paciência para aguentar pessoas prolixas. Elas falam, falam, falam, e não conseguem pôr ponto final em suas arengas. Por outro lado, gente concisa demais também pode ser irritante. Interrompem a sequência de qualquer assunto, e obrigam o interlocutor a "fabricar conversa".

Nos dois casos, é possível resolver o problema com a técnica adequada. É um passo a passo que permite a quem fala em público, ou precisa se relacionar socialmente, estabelecer uma medida agradável para as suas apresentações.

Alguns acham que ir diretamente ao ponto é sempre um mérito. Nem sempre. Além da pessoa correr o risco de se tornar desagradável, há outro dado relevante que precisa ser considerado.

Até nas apresentações corporativas esse excesso de objetividade pode provocar prejuízos. Já mencionamos em um passo anterior que se o orador partir diretamente para o assunto principal, sem fazer antes uma introdução que o ajude a conquistar os ouvintes, suas chances de ser vitorioso serão reduzidas em 30%. Portanto, concisão demais leva às vezes a resultados negativos.

A respeito dos tagarelas noveleiros nem é preciso muitas explicações. Nunca encontramos uma pessoa que dissesse gostar de ouvir histórias sem fim. Ao contrário, na primeira oportunidade, arrumam uma desculpa e se afastam. Como, então, contornar esses entraves que são veneno para a boa comunicação?

No caso das conversas, exceto o início, que é o momento dos cumprimentos, o que ocorre depois é uma troca de informações e de opiniões sobre determinado tema. Perguntas abertas, como, por exemplo: "Por quê?", "De que maneira?", "Como?" ajudam no desenvolvimento do contato.

Uma rápida história interessante pode também servir para ilustrar o tema abordado e tornar o relacionamento mais instigante. A pessoa que fala não se torna objetiva em excesso, e, sendo precavida, não estica em demasia os casos, nem repete o que já foi dito, tornando o momento agradável.

Já para quem fala em público há peculiaridades que devem ser observadas. Uma breve introdução é recomendável em todas as circunstâncias. Como já alertamos, não custa nada fazer um rápido agradecimento logo depois de cumprimentar o grupo, e mostrar de forma clara quais os benefícios que todos terão com a mensagem.

Observe que nessas circunstâncias o tempo a ser consumido, de maneira geral, é mínimo. Além de você não se estender e evitar a prolixidade, também não será conciso a ponto de não esclarecer o que deve ser evidenciado.

Na sequência, é preciso, logo após a introdução, revelar em poucas palavras qual é o assunto que será abordado. Não há necessidade de usar mais que uma ou duas frases para informar aos ouvintes a respeito do tema que será abordado. Por exemplo, em uma reunião: "O objetivo desse nosso encontro é o de estabelecer os critérios para a distribuição dos vendedores nas diversas regiões do interior".

Durante as conversas, essa preocupação de informar qual será o assunto pode ser afastada. As ideias se sucedem naturalmente e o tema já fica subentendido. Trocar perguntas é uma boa solução para evitar a prolixidade e concisão demasiada.

Ao falar em público, instrua os ouvintes com as informações necessárias para que acompanhem e entendam bem a mensagem que será desenvolvida. Após orientá-los, evite repetir o que foi dito. A não ser que a circunstância exija. Dessa forma, irá preparar adequadamente o público sobre o que irá desenvolver, facilitando a compreensão da plateia.

No relacionamento social, na maioria das circunstâncias, o objetivo é o de comentar sobre assuntos da atualidade, contar histórias de viagens, ou de fazer revisão de fatos curiosos dos quais o grupo tenha participado. Não estique e evite detalhes que possam ser suprimidos.

Finalmente, nas apresentações em público, desenvolverá o assunto central que é, na realidade, o objetivo do discurso. Os bons exemplos tornam a apresentação mais leve e ajudam as pessoas a entenderem de um jeito mais evidente o que foi proposto.

Com toda a sequência desenvolvida, não perca tempo, faça o encerramento. Uma boa conclusão é a de pedir que os ouvintes ponderem sobre os pontos abordados ou passem a agir de acordo com suas propostas.

Durante uma conversa é importante observar o comportamento das pessoas. Se alguém começa a cruzar e descruzar os braços, dar tapinhas nas pernas, colocar um dos pés mais para o lado, é sinal de que talvez seja interessante partir para as despedidas.

É uma estrutura lógica para apresentar qualquer tipo de mensagem, tanto para falar em público quanto para se relacionar socialmente. Ao seguir cada uma dessas etapas, a pessoa não pecará por falta nem por excesso de palavras.

PARA RECORDAR

- Oradores prolixos se tornam cansativos e irritantes.
- Excesso de objetividade pode prejudicar o resultado da apresentação.
- É preciso dizer o que for preciso, o mais breve possível conseguindo o que se deseja.
- A objetividade só será eficiente se o discurso atingir o objetivo.

PASSO 26

TENHA UM PLANO ALTERNATIVO

O plano parecia ser bom, mas deu tudo errado no início da apresentação. No papel, na tela do computador, em nossos pensamentos a estratégia para conquistar os ouvintes funciona maravilhosamente. Na prática, entretanto, o resultado nem sempre sai como planejado. Por isso, todos devemos ter um plano B na manga para fazer frente a essas emergências.

Não há necessidade de elaborar uma saída específica para cada situação. Basta ter duas ou três de reserva para pôr uma em jogo quando a circunstância exigir. São aqueles coringas que nunca falham, que nunca nos deixam na mão, independentemente do ambiente e do tipo de plateia.

Nós é que montamos as armadilhas para nós mesmos. Um deslize comum é o de repetir modelos bem-sucedidos em momentos distintos. Uma piada ou uma história que deu certo na palestra para determinado público não garante necessariamente o mesmo sucesso com pessoas diferentes. Ainda que possam ter perfis semelhantes.

Embora aconselhemos os nossos alunos e leitores a evitar piadas no início de suas apresentações, vira e mexe acabamos por contrariar os nossos próprios ensinamentos. Começamos alertando sobre os riscos da piada no início do discurso pelos três motivos já vistos nos passos anteriores: a piada não ter graça; ter graça, mas ser muito conhecida; não ter conexão com o conteúdo.

Explicamos que os primeiros momentos são os mais difíceis para o orador. São aqueles instantes em que a adrenalina ainda não foi devidamente metabolizada e provoca disfunções no organismo. O coração bate mais forte. As pernas começam a tremer, as mãos a suar. As borboletas voam no estômago. A voz enrosca na garganta. Os pensamentos ficam desnorteados. O começo da fala provoca mesmo grande desconforto em quem se apresenta em público.

Ora, se a piada não tiver graça, a situação que já é desagradável poderá ficar ainda pior. Se for engraçada e os ouvintes já a conhecerem, o resultado talvez seja até mais constrangedor. Além desses dois motivos, há um terceiro bastante grave, a piada quase nunca guardar interdependência com o restante da mensagem.

Apesar de todos esses riscos, quando julgamos conveniente começamos contando uma piada. Antes damos todas as explicações sobre os perigos de usar esse expediente. Assim que percebemos a concordância do público com o que dissemos, revelamos que vamos contar uma piada. Como pegamos todos no contrapé, costumam rir bastante. Depois da piada, esclarecemos que ela só foi adequada porque estava intimamente relacionada com o tema da palestra.

Pois é, contamos aqui, contamos ali, até que, como dizia a nossa nona, macaco que muito pula quer chumbo. Já aconteceu conosco. Em um ambiente que tinha tudo para dar certo, não deu. A plateia não reagiu. Imediatamente fomos lá no nosso estoque buscar a solução salvadora. Passamos a falar a respeito das técnicas de que dispomos para conquistar e manter a atenção dos ouvintes. Essa é uma matéria infalível. Todos gostam.

Em outra oportunidade, como desgraça pouca é bobagem, ao proferir palestra para uma grande plateia, foi preciso mais uma vez recorrer à regra três.

Ao falar da importância da oratória para aqueles profissionais, lemos um trecho de um discurso que atesta essa relevância. Ou seja, coloca sobre os ombros dos que atuam naquela atividade a responsabilidade de terem de ser bons de tribuna. Essa leitura, além de ser muito adequada, mostra que esses conceitos estão no nosso livro, e que a obra poderá ser útil a eles.

Nessa palestra, a leitura não deu certo. Como o auditório era muito grande, mesmo tendo explicado que se tratava apenas de uma citação, as pessoas talvez tenham entendido que a apresentação seria lida. Alguns começaram a sair da sala. Isso é morte para um palestrante. Sem hesitar, deixamos a leitura de lado e... dá-lhe orientações de como conquistar e manter a atenção. Incrível, alguns que já estavam de saída, em pé no corredor, voltaram a se sentar. Ufa!

Portanto, podemos nos enganar. Faz parte dos riscos de quem fala em público. Só não devemos insistir no erro e continuar seguindo o plano equivocado sem fazer tentativas de mudanças para reconquistar as pessoas.

Esse é um conselho que damos com toda a convicção: escolha dois ou três temas que sempre agradam os ouvintes e deixe como segurança. Assim que perceber que precisa fazer alterações, não vacile – tenha em mãos o seu assunto irresistível.

PARA RECORDAR

- Nem sempre o que funciona em várias circunstâncias dará certo em todas as ocasiões.
- Tenha sempre de reserva um plano B para as emergências.
- Se perceber que o recurso utilizado, especialmente no início, está equivocado, mude depressa.
- Fique de olho na reação dos ouvintes. Se começarem a se distrair é porque não estão gostando.

PASSO 27

HÁ MOMENTOS EM QUE É MELHOR NÃO FALAR

> "Muito embora seja honesto,
> não é aconselhável trazer notícias ruins."
> **Shakespeare**

"Vai lá e fala". "Vai não". Que história é essa de vai lá e fala?! Cuidado com esses que ficam atiçando você a participar de encrencas, e se escondem nas sombras. Está cheio de gente assim. Sabem que o risco de consequências negativas é grande, e procuram otários para bucha de canhão.

Na vida profissional essa é uma situação que ocorre até com frequência. Alguns são sutis, verdadeiras raposas. Chegam com aquela conversa mansa e vão destilando veneno. Aproveitam o bate-papo descontraído e jogam a isca.

Dizem, por exemplo: "acho que está na hora de dizer para o chefe que as decisões dele estão todas equivocadas". Aí esperam a reação do "amigo". Se ele concordar que as atitudes do superior hierárquico não são mesmo boas, vão apertando o torniquete: "você que é mais próximo dele, poderia chamar a atenção para os erros que ele tem cometido, principalmente nos últimos tempos".

Se a pessoa for ingênua e estiver despoliciada, aceita a sugestão e põe o pescoço na guilhotina. Vai lá, critica o chefe, achando que está tomando uma boa iniciativa, e acaba por arrumar um desafeto poderoso. Se ela achar que deve falar, depois de medir os prós e contras, que vá em frente. Agora, falar só porque foi instada, sem refletir bem em que vespeiro está se metendo, é um erro que precisa ser evitado.

Mexer com gente poderosa sem ter as costas protegidas não é uma atitude inteligente. Algumas pessoas, sem nenhum poder econômico, social, político, hierárquico, ilustres desconhecidas, em determinados momentos, resolvem pôr a boca no trombone. Falam de gente poderosa como se estivessem censurando o amiguinho da rua.

Portanto é preciso ter cuidado com o que falamos, e contra quem falamos. Não estou dizendo que você deva se despersonalizar, que deveria dar uma de avestruz e enfiar a cabeça no buraco e fechar os olhos para tudo o que esteja à sua volta. Lógico que não. Você deve se manifestar contra ou a favor a respeito do que o incomoda ou o agrada, mas tendo em vista se terá condições de arcar com as consequências das suas ações.

Uma situação é alguém muito bem respaldado enfrentar quem tenha mais ou menos importância e poder. Outra, diferente, é uma pessoa, sem destaque político, sem poder, quase sempre inexperiente, falar o que lhe der na telha sobre quem pode enfrentá-lo em condições desiguais.

Assim sendo, nas atividades políticas, sociais, na vida corporativa, e até mesmo dentro da própria família use o bom senso e analise se o que pretende dizer vale o risco que irá correr. Especialmente quando aparece alguém cutucando para você dizer isso ou aquilo.

Considere também que sempre será possível dar uma opinião, mostrar equívocos de condutas, reorientar um rumo mal traçado, sem recorrer necessariamente ao tom de crítica. Na maioria das vezes, chega a ser mais fácil persuadir concordando inicialmente com alguns aspectos da ideia contrária, para em seguida, depois de ter desguarnecido certas resistências, expor seu ponto de vista. Esse procedimento mais diplomático deve ser exercitado e posto em prática sempre que tiver oportunidade.

E mais, esse tipo de atuação jeitosa deve ser utilizado não apenas diante de interlocutores poderosos, mas sim em todas as circunstâncias, independentemente do nível de cultura, de posicionamento hierárquico ou social que as pessoas possuam.

Por outro lado, se aparecer alguém com aquela voz de amigo da onça, sugerindo para que leve notícia ruim para pessoas que, pelo poder que exercem, poderão prejudicá-lo, seja firme e devolva o aconselhamento: "talvez seja preciso dizer tudo isso mesmo, mas tenho certeza de que você será a pessoa mais indicada. Vai lá e fala!"

PARA RECORDAR

- Você tem toda a liberdade para dizer o que quiser a quem desejar.
- Meça bem as consequências das suas palavras antes de criticar alguém mais poderoso.
- Não aceite que ninguém diga o que você deve ou não dizer a quem quer que seja.
- Quando alguém fizer sugestões descabidas para criticar uma pessoa, devolva o conselho a ele.

PASSO 28

EVITE MONOPOLIZAR A CONVERSA E NÃO FALE SÓ DE VOCÊ

Os americanos têm uma expressão popular bastante significativa, usada no título da música de Beyoncé: *Me, myself and I*, que em sentido quase literal quer dizer "eu, eu mesmo, eu". Não há mal nenhum em alguém se apaixonar por si mesmo. Em certas circunstâncias, chega a ser importante para elevar a autoestima e viver uma vida mais plena. O problema surge quando a pessoa ultrapassa as linhas do bom senso e do equilíbrio social. Vamos ver quais são esses limites e os cuidados que precisam ser tomados.

Baltasar Gracián, um "polêmico" jesuíta espanhol, que viveu de 1601 a 1658, em sua obra *Oráculo manual e arte de prudência* (Ediouro) alerta: "Pouco adianta agradar-se a si, não agradando aos demais". E, para desestimular ainda mais quem insiste em agir de maneira distinta, adverte para o perigo de suas ações: "Via de regra, o desprezo geral castiga a satisfação particular. Quem muito se apraz de si não causará prazer aos outros".

O autor continua fustigando aqueles que se encantam com as próprias palavras: "Querer falar e ouvir-se ao mesmo tempo não dá certo; e se falar sozinho é loucura, escutar-se na presença dos outros será loucura dobrada".

Conhecemos um profissional que nos contou um fato bastante curioso. Ele disse que se apaixonara pela atividade que exercia. Não pensava em outro assunto. Lia todos os livros que lhes chegavam às mãos sobre a matéria relacionada às suas funções. Não só lia, como também os relia. Sentia prazer em discutir sobre tudo o que se relacionava à sua profissão.

Certa vez, em uma conversa com pessoas que mantinha contatos ocasionais, alguém lhe perguntou em tom de afirmação: "Você gosta muito do que faz, certo?!" Ele imediatamente respondeu que sim. Em seguida ouviu um comentário que o deixou desnorteado: "Dá para perceber, pois você só fala sobre esse assunto". Caiu em si. Percebeu que havia se tornado uma pessoa desagradável pelo fato de conversar praticamente o tempo todo a respeito daquele tema. Mudou o comportamento e passou a tomar mais cuidado nas conversas seguintes. Para não se tornar inconveniente deixou de falar apenas do assunto que o empolgava, mas que não despertava tanto interesse nas outras pessoas.

Comentou que a partir daquele dia, quando alguém fazia perguntas sobre o trabalho que desenvolvia, dava uma rápida explicação e imediatamente devolvia a questão para saber a respeito do interlocutor. Ele nos confidenciou que em todos os casos, sem exceção, as pessoas falavam delas com prazer. Não estavam mesmo muito interessadas em ouvir sobre o que ele fazia. Se tivesse lido o livro de Baltasar Gracián quando iniciou suas atividades, provavelmente teria evitado o equívoco desde o início.

Falar bem não significa falar muito, tampouco reiteradamente a respeito do mesmo assunto. Quem fala em demasia se torna cansativo e irritante. Algumas pessoas parecem ter ouvidos apenas para a própria voz. Não percebem que os outros, aos poucos, dão desculpas e vão se afastando até que não sobre ninguém para servir de plateia.

Pior ainda são aqueles que exigem atenção. Falam, falam, falam e em seguida perguntam se estão acompanhando sua narrativa. Gracián também critica quem se comporta assim: "É uma fraqueza dos grandes falar com aquele estribilho de 'ouviu o que eu disse?' e daquele 'não é mesmo?' que azucrinam a paciência dos ouvintes".

O autor se preocupou ainda em descrever as reações desses falantes: "A cada frase abanam as orelhas procurando ouvir aprovação ou lisonja, causando aflição à sensatez".

Sem contar os que dão a impressão de viver em cima de um palco em busca de aplausos para as suas arengas. Mais uma vez, o autor descreve o abusado: "Também os empolados falam com eco e, como a sua conversação anda sobre o coturno da arrogância, exigem a cada palavra o socorro enfadonho do estúpido 'muito bem!', 'apoiado!'".

Não significa que você não deva falar, que seja obrigado a manter a boca fechada o tempo todo. Esse extremo também não é recomendável. O jeitão de "múmia" pode ser ainda mais desagradável que o de falador. O ideal é falar e ouvir, falar e ouvir. Segundo o neurobiólogo chileno, Umberto Maturana, na obra *A antologia da realidade* (Editora Humanitas) essa troca se subordina "a um fluir de nosso emocionar". Com palavras mais ou menos semelhantes ele afirma: para que nós, seres humanos, possamos interagir nas conversações, é necessário que haja uma convergência de quereres, de desejos, que eles sejam estimulados e instigantes, a tal ponto que nos levem a permanecer em "interações recorrentes", até que a emoção acabe e com ela também o linguajar.

Temos uma filosofia de conduta que nos ajuda muito nos relacionamentos. Talvez possa servir para você também. Se há no grupo alguém falando, permanecemos em silêncio. Só nos pronunciamos se formos provocados. Se ninguém fala, não deixamos a conversa cair naquele silêncio sepulcral. Começamos a falar, ou para contar uma história bem curta, apenas para animar a turma, ou fazemos uma pergunta para que outra pessoa se manifeste. Assim, não deixamos de falar, mas também não nos tornamos os verborrágicos.

PARA RECORDAR

- Evite falar muito a respeito da sua atividade.
- Se estiver alguém querendo falar, prefira ficar calado.
- Se ninguém estiver falando, tome a inciativa de contar uma história curta ou faça perguntas.
- Se alguém perguntar sobre você, fale resumidamente e devolva a pergunta ao interlocutor.

PASSO 29

CONTROLE
O MEDO DE FALAR
EM PÚBLICO

Se você não se sente confortável para falar em público, saiba que não está sozinho nesse desassossego. De vez em quando aparece um famoso revelando seu medo de falar diante de plateias. As pessoas se surpreendem. Em primeiro lugar porque não imaginam que alguém tão conhecido no cinema e na televisão possa sentir algum tipo de desconforto para se expressar diante da plateia. Depois, pelo fato de supor que só ele e outros poucos não privilegiados pela natureza sofrem essa dificuldade.

Eu me lembro do dia em que Faustão entrevistou Gabriel O Pensador. O apresentador disse que o medo de falar em público era assunto muito relevante, pois também era inibido. Grande surpresa! Quem poderia imaginar que um comunicador tão experiente pudesse ficar acanhado para falar?!

Em seguida, outra pérola, agora do entrevistado. Gabriel O Pensador também comentou que não se sentia à vontade diante do público. Esse relato foi importante porque quem estava assistindo, e pensava que as grandes estrelas tivessem superado essa insegurança há muito tempo, deve ter refletido: se eles ainda ficam nervosos nessas situações, por que não eu?

Outra figura importante do mundo artístico/jornalístico, Ana Paula Padrão, competente apresentadora da televisão brasileira, deu diversos depoimentos para falar sobre o medo que sentia ao se apresentar em público.

Uma entrevista surpreendeu o mundo. No programa da atriz Drew Barrymore, Jennifer Aniston, uma das mais famosas e bonitas atrizes do cinema, e o conhecido ator Adam Sandler, para espanto da entrevistadora, disseram que ficavam desconfortáveis para se apresentar diante do público.

Pela fama, competência artística e importância de ambos, esse pronunciamento foi avassalador. Quase todos que assistiram, comentaram: "Não, não é possível que esses dois, que vivem nas telas do cinema e da televisão, interpretando as mais diferentes personagens, e que, aparentemente, são tão tranquilos e seguros possam dizer que passam por esse tipo de problema".

Outra personalidade que precisou fazer um curso de oratória para se sentir mais confiante diante do público foi Lady Diane. Ainda que se apresentasse com frequência em todos os cantos do mundo, dizia não ficar tranquila para falar diante de grupos de pessoas.

Embora ministrar curso de oratória seja a nossa atividade profissional, nós também sentimos algum tipo de desconforto para falar em público. É normal. Todas as vezes em que temos de fazer palestra sentimos um frio na espinha por causa da descarga de adrenalina. Ainda bem. Depois de tantas décadas ministrando aulas, falando praticamente nos três períodos do dia, julgamos importante fazer essa revelação. Mostramos às pessoas que se alguém que tem a arte de falar em público como profissão há tanto tempo se sente assim, não haveria muito problema se outras pessoas também fossem tocadas por alguma insegurança.

Na verdade, preferimos as pessoas que dizem ter um pouco de nervosismo para falar em público àquelas que se dizem confiantes demais. As primeiras se preparam com mais critério e cuidado. Respeitam os ouvintes e elaboram seus discursos de forma zelosa.

Ao contrário, quem é seguro demais, geralmente corre o risco de não planejar suas exposições de maneira disciplinada e não leva muito em conta as características e aspirações do público. Fala o que vem à cabeça e acaba por dizer o que não deveria ser dito.

Portanto, se você também sente medo de falar em público, não se preocupe além do necessário. Não queira eliminá-lo de forma definitiva, apenas procure deixá-lo sob controle. Tenha em conta que muita gente que goza da sua admiração enfrenta o mesmo problema.

Para controlar o medo de falar em público será preciso combatê-lo a partir de quatro frentes essenciais:

1) Conheça muito bem o assunto que irá apresentar. Quanto mais dominar o tema, mais seguro irá se sentir.

2) Organize o discurso em todas as etapas, desde o início até o final. Saiba exatamente as partes que deverá

cumprir. Conhecendo o trajeto que irá percorrer, se sentirá mais confiante.

3) Pratique o máximo que puder. Procure ensaiar muitas vezes o que vai dizer. É preciso verbalizar as ideias com antecedência para se sentir mais confortável diante do público.

4) Aprenda a identificar suas qualidades de orador. Observe se tem boa voz, vocabulário fluente, postura elegante, presença de espírito, lógica de raciocínio. Enfim, conscientize-se de todos os aspectos positivos da sua comunicação. Sabendo que essas qualidades estão presentes, quando se apresenta em público reduzirá a insegurança diante dos ouvintes.

PARA RECORDAR

- Não se preocupe em eliminar o medo de falar em público, mas sim em controlá-lo.
- Se não puder ensaiar o discurso, pelo menos converse com alguém sobre o tema.
- Ao falar em público, saiba o que vai dizer em cada uma das etapas da apresentação.
- Aprenda a identificar suas qualidades de orador.

PASSO 30

UM CONSELHO FINAL

> "A vida é como uma pedra de amolar,
> tanto pode desgastar-nos como afiar-nos,
> tudo depende do metal de
> que somos constituídos."
> **Bernard Shaw**

Você já deve ter visto no futebol times apenas limitados conseguirem bater grandes equipes. O jogo aplicado, com determinação e a força de vontade são alguns dos ingredientes que podem fazer um escrete vencedor, até mesmo quando suas condições técnicas são apenas razoáveis.

Times sem tanta qualificação técnica, mas que se preparam com disciplina e comprometimento, chegam a pregar peças, surpreendendo os que se julgam até imbatíveis. Em determinadas circunstâncias o preparo pode valer mais que a competência.

Assim é em todas as áreas. Profissionais competentes, formados pelas mais bem conceituadas universidades do mundo, não conseguem, às vezes, atingir o mesmo resultado que outros oriundos de escolas consideradas de nível inferior. Há empresas que dizem preferir "alunos de primeira linha" a "alunos de escolas de primeira linha".

Ouvimos com frequência empresários dizendo que preferem alunos que tiveram de ralar para pagar a escola, passar noites sem dormir, comprometer finais de semanas incontáveis, que fizeram esforços acima da maioria das pessoas a outros que receberam tudo mais ou menos de mão beijada da família.

Bons alunos, de boas escolas, naturalmente, terão sempre a preferência, mas, se não demonstrarem disciplina, preparo, brilho nos olhos e muito empenho, poderão ser preteridos para dar lugar àqueles que demonstram, segundo algumas dessas empresas, sangue nas veias. Ou seja, a disciplina e a boa vontade podem se constituir, em determinados momentos, em requisitos tão ou até mais importantes de avaliação.

Para os gregos entusiasmo é o Deus interior. Foi esse entusiasmo o responsável, por exemplo, para que Victor Hugo, um dos maiores escritores de todos os tempos, se tornasse vencedor em um embate judicial. A situação em que foi envolvido e a forma como se comportou mostram bem a importância dessa determinação.

Embora não tivesse conhecimentos jurídicos, contando apenas com a sua excelente capacidade de comunicação e o envolvimento emocional, foi protagonista de uma das mais belas páginas da oratória de que se tem conhecimento. Vale a pena conhecer um pouco a respeito desse episódio.

No dia 11 de junho de 1851, Victor Hugo precisou tomar as dores de seu filho Charles Hugo. Depois de presenciar o esforço quase sobre-humano de um homem para se livrar da pena de morte, o rapaz sentiu-se tão tocado e indignado com aquele fato que resolveu escrever um artigo combatendo a pena capital. Seu texto foi publicado em um dos mais importantes jornais franceses.

Só que Charles acabou se envolvendo em um grande problema. A pena de morte era lei. Por isso, os adversários de seu pai se valeram daquela oportunidade para atacar Victor Hugo, processando seu filho. O caso foi a julgamento e o próprio escritor resolveu fazer a sua defesa no tribunal.

Victor Hugo, embora não tivesse o domínio profundo da legislação e pudesse ser comparado a um mau advogado, proferiu um discurso tão emocionado, de forma tão entusiasmada que conseguiu absolver aquele que tanto amava. Ele se colocou ao lado do filho e chamou para si a responsabilidade daquele "crime". Vamos observar alguns dos momentos mais relevantes da sua defesa.

Começou chamando para si a responsabilidade:

"O verdadeiro culpado nesse assunto, se há algum, não é meu filho; sou eu!".

Após chamar a atenção com essa afirmação impactante, com voz forte, contundente e emocionada repete a mesma frase:

"Sou eu!"

E, cada vez mais emocionado, como se a própria vida estivesse em jogo, afirma:

"Esse crime (o de combater a pena de morte) cometi-o muito antes que o meu filho. E me denuncio, senhores! Cometi-o com todas as circunstâncias agravantes — com premeditação, com tenacidade, com reincidência!".

Dessa forma conseguiu chamar a atenção para o que pretendia dizer, reforça a tese de que a culpa era dele próprio. Falando com energia, com alma e transparência se entrega à defesa do filho:

"Isso que meu filho escreveu, só o escreveu porque eu o inspirei desde a infância, porque, ao mesmo tempo em que é meu filho, segundo o sangue, é meu filho segundo o espírito; porque quer continuar a tradição de seu pai. Eis aí um delito estranho e pelo qual me admiro que se queira persegui-lo!".

Com esse discurso inspirado e repleto de energia e envolvimento, mesmo com todas as falhas próprias de alguém que tenta atuar como advogado sem conhecimento técnico, conseguiu livrar o filho das acusações que lhe faziam. Será que um advogado que conhecesse profundamente a legislação francesa conseguiria dizer com tanto sentimento o que se passava no coração de um pai?

Portanto, mesmo que você seja muito competente, não vacile. Vez ou outra poderá surgir alguém se apresentando com tanta energia e determinação que o surpreenda e o derrote. Da mesma forma, se você em certos momentos não se julgar tão competente, saiba que essa força interior do entusiasmo talvez possa lhe proporcionar vitórias consideradas até inatingíveis.

Apesar da inabilidade para se expressar em público, alguns políticos se saem muito bem nos debates que travam com os adversários. Eles se preparam com tanto empenho que, até quando não vencem, não saem derrotados. Para cada ataque que recebem, eles têm a resposta pronta.

Ao final de cada resposta, aproveitam para jogar uma espécie de casca de banana com uma acusação. Dessa forma, não permitem que o adversário continue atacando, já que ele precisa se defender do ataque recebido. Para agir assim, é evidente que tiveram de se preparar muito para esses confrontos.

Consegue dessa forma compensar suas deficiências oratórias com preparo e bastante disciplina. O adversário, tido como ótimo orador, pode negligenciar e não se preparar de forma adequada e se surpreender com o desempenho do concorrente.

São exemplos que nos ensinam a não dormirmos em berço esplêndido. Por mais competentes que nos julgarmos ser, jamais poderemos negligenciar o preparo, a disciplina e o entusiasmo. Se tiver uma semana para se preparar, prepare-se durante uma semana. Se tiver um mês, prepare-se durante um mês. E assim, por tanto tempo que tiver à disposição. Quanto mais bem preparado e envolvido estiver, maiores serão as chances de que se torne vencedor nas empreitadas que tiver de enfrentar.

PARA RECORDAR

- O entusiasmo e a disciplina podem, às vezes, superar a capacidade técnica.
- Ainda que sua comunicação seja excelente, jamais deixe de se preparar.
- Prepare-se por quanto tempo puder.
- Não menospreze um adversário por julgá-lo mau orador, pois ele poderá surpreendê-lo.

REFERÊNCIAS

ARISTÓTELES. *Arte retórica e arte poética*. São Paulo: Tecnoprint, 2003.

FAÏTA, Daniel. A noção de gênero discursivo em Bakhtin: uma mudança de paradigma. In BRAIT, Beth (org.). *Bakhtin, dialogismo e construção de sentido*. Campinas: Unicamp, 1997.

FARIAS, Luiz-Alberto. *Opiniões voláteis*. São Bernardo do Campo: Metodista, 2019.

GUIDDENS, Antony. *Modernidade e identidade*. Rio de Janeiro: Jorge Zahar Editor, 2002.

HAN, Byung-Chul. *Sociedade do cansaço*. Petrópolis: Vozes, 2019.

KARLINS, Marvin; ABELSON, Herbert. *Persuasão: como modificar opiniões e atitudes*. Trad. Leda Maria Maia. Rio de Janeiro: Civilização Brasileira, 1971.

MAETERLINCK, Maurice. *O tesouro dos humildes*. São Paulo: O Pensamento, 1945.

OZ, Amós. *Como curar um fanático*. São Paulo: Cia das Letras, 2016.

POLITO, Rachel. *Superdicas para um trabalho de conclusão de curso nota 10*. São Paulo: Saraiva, 2008.

POLITO, Rachel; POLITO, Reinaldo. *Os segredos da boa comunicação no mundo corporativo*. São Paulo: Benvirá, 2012.

POLITO, Reinaldo. *A influência da emoção do orador no processo de conquista dos ouvintes*. 4. ed. São Paulo: Saraiva, 2005.

THEODORO, Marlene. *A era do eu S/A – em busca da imagem profissional de sucesso*. São Paulo: Saraiva, 2004.